回想の伊達得夫　中村稔

青土社

回想の伊達得夫　目次

第一部

第二部

回想の伊達得夫

第一部

（一）『二十歳のエチュード』

一九六一（昭和三六）年一月一六日、伊達得夫は肝硬変のため死去した。その前日、私は安東次男に誘われて慈恵医大病院に入院していた伊達を見舞った。彼は私たちに苦痛を訴えなかった。しかし、眼を背けたいほどやつれていた。私は病院を出たときの向かい風の吹く白い道路を思いだす。伊達が危篤状態にあることは間違いなかった。ただ、肝硬変のためでなく、伊達は重苦しい心労をかかえているようにみえた。書肆ユリイカの経営、財政に関する心労だったかもしれないが、そうとは断じきれないような人間的な心労のようにみえた。そうした心労に私は彼の発病のしばらく前から気付いていた。やつれはてた伊達はそうした心労に苦しみ、もどかしげであった。彼の病気に対しても心労に対しても、私は手をさしのべることができなかった。手を拱いて彼の死を見送ることしかできない、と私は考えていた。そして、伊達が死んだら、たぶんぼくは詩を書けなくなるだろう、などと考えていた。

＊

私が伊達にはじめて会ったのは一九四六（昭和二一）年一〇月二九日、原口統三が自死してから数日後であった。

そのころ私は一高在学中であり、本来私が所属する国文学会の占める明寮一六番（たぶん一六番室というのが正しいと思われるが、煩雑なので「室」を略す。以下同じ）を出て、南寮八番という一般部屋で起居していた。野球部・端艇部等の体育会系の部にも、国文学会のような文化系の部にも属することを好まない、学生たちが集っているのが一般部屋であった。一般部屋の生活者たちは共通の関心や目的をもつことなく、各自が孤立していた。国文学会を出て一般部屋である南寮八番で生活することにしたのは、当時の私の心境によるが、伊達とは関係ないので、事情は省くこととする。

一九四六年一〇月二日、原口統三は赤城で睡眠剤による自死をはかって失敗し、数日後に寮に戻ってきた。原口は彼を慕い、彼に兄事ないし師事していた橋本一明・都留晃・大谷一夫・宇田健らが組織したフランス会が占めていた北寮二五番に戻らず、どういうわけか、南寮二番に移ってきた。原口を警護するようなかたちで橋本・都留の二人だけが彼にともなっていた。フランス会の人々や工藤幸雄、それに私などが始終遊びに行ったが、拒むことはなかった。南寮一番では山本巌夫、中村赫の二人が暮らしていたが、彼らも時々南寮二番に遊びに来てバカ咄をしていた。しかし、原口は毎日ほとんどの時間、机に向かって、エチュードを推敲していた。その後ろ姿にはたやすく私たちを寄せつけない厳しさがあった。それでも時に私たちの雑談にまじることもあった。

寮生のほとんどが原口は再度自死を決行するかどうかという好奇心と期待のいりまじった険しい目で原口を見ていた。そういう雰囲気の中で、私たちの雑談に加わったときの原口はむしろ愉しげであった。原口が南寮二番に移ってきたのは南寮八番に中村稔がいる、中村の近くにいれば煙草があるから、と言ったという俗説がある。事実、私には与野に小間物屋を営んでいる親戚があり、煙草をあきなっていたから、与野まで出かける面倒をいとわなければ煙草に不自由しなかった。しかし、考えてみると、原口が南寮二番に移ってきたのはエチュードの執筆、推敲に専心するためであったとみるのが妥当のようである。

原口が逗子海岸で入水自死したのは一〇月二五日未明だから、彼が南寮二番で、私の身近に生活していたのは三週間足らずにすぎない。この三週間足らずの期間を私は三、四カ月のように感じていたし、いまも感じている。私からみると、原口の自死の決意は揺るぎない堅固なものであって、他人の忠告の類など容喙の余地がなかった。雑談していても、空気は極度に張りつめていた。そのための錯覚にちがいない。

原口が自死し、後に『二十歳のエチュード』として出版されたノート、エチュードを残したことで、私と伊達得夫とのかかわりがはじまった。

*

日本エディタースクール出版部刊、伊達得夫著『詩人たち－ユリイカ抄－』（以下『ユリイカ抄』という）巻頭の「ふりだしの日々」の第一章「「余は発見せり」」中、伊達得夫は次のとおり記している。

「昭和二十一年十月二十五日、一高生原口統三が逗子の海で入水した。そのことをぼくは、三面記事で知ったが、二十一年と言えば、国民は概ね飢餓線上をさすらっていた。従ってこの事件は、米の遅配の記事ほどにもぼくの関心を惹かなかった。しかし、数日後、ぼくは読書新聞で、ふたたび同じ記事を見た。それは、日刊新聞と違ってかなりくわしく原口統三という学生について語り、最後に、遺稿が一冊のノートにまとめられているが、それを出版したいという意味の、友人橋本一明の談話が附されていた。ぼくはMという出版社の編集者だったから、今度は、その記事を見逃すわけにはいかなかった。一高生、自殺、遺稿、これだけの条件さえあれば、たとえ内容がどうであろうと、売れなくってさ！というようなものだ。ぼくは誰の紹介もなく、一高の寮をたずねた。入口で一人の学生をつかまえて、橋本さんに会いたい旨を伝えると、やがて、廊下の奥からペタペタとスリッパをひきずって痩軀長身の青年が現れた。かれは、ぼくの差出した名刺をちらと見て、

「橋本は外出しています。どういう御用でしょう」と言った。来意を聞きとると、ぼくを一室に招じた。椅子がなかったから、ベッドに腰をおろし、ぼくは手巻きのタバコをくわえた。かれも同じベッドに腰をおろしたが、その服装の汚なさにも似ず、挙動は端正だった。

「ぼく中村と言います。原口の遺稿は橋本が保管してますので何とも言えませんが」

「で、何処か外の出版社とすでに話がきまったというようなことは……」

「いや、まだです。二、三話はあるようですが」

ぼくは一高の門を出て、ほこりっぽい残暑の道を帝都電車の駅にいそぎながら、いま

会った中村という学生の印象から、なんとなく、この話はまとまるナと思った」。

伊達の文章には記憶違いによる誤りや話を面白くするための虚構がまじっていることがあり、すべてを全面的に信用することはできないが、右の文章はほぼ正確だと思われる。ただし、この文章中の「中村」すなわち私の挙動が端正だったというのは、伊達の社交辞令にちがいない。それより私に興味があるのは伊達と私が共にベッドに腰をおろして話したという記述である。一高の寄宿寮は南寮・中寮・北寮・明寮の四棟あり、南寮がもっとも南側だったが、低地で日当たりが悪く、湿気がつよかった。それぞれの寮は三階建て、廊下をはさんで南側に自習室、北側に寝室があった。原口らが南寮二番に移ってきた、と記してきたが、正しくは南寮二番の寝室に移ってきたのであった。だから、椅子も机も自習室から一、二を持ちこんでいただけだったので、伊達も私もベッドに腰をおろして話すことにならざるをえなかったのである。そういえば、私自身は南寮八番の自習室に寝台を持ちこんで起居していた。敗戦後、寄宿寮の秩序はかなり乱れていたし、最上級の三年生であった原口や私に苦情を言う者はいなかったので、私たちは気儘に起居する部屋を選んでいたのであった。

私が「二、三話はあるようですが」と言ったとすれば、これは真実ではない。いかなる出版社からも話がもちこまれてはいなかった。こういう駆引の言辞を弄したとすれば、私の弁護士としての資質が当時からあらわれていたのであろう。

伊達と私は並んでベッドに腰をおろして話し合ったのだから、右の文章で書いているような問答で終ったわけではない。私たちはかなりの時間、話しこみ、私は伊達に好意をもったのである。だから、伊達は、この話はまとまるナと思ったにちがいない。もし相手が大出版社の権威をかさに物を言う人であったり、才気がほとばしるような人であったら、私の応待は違っていたかもしれない。伊達は垢ぬけた都会人風でもなかった。もっさりしていて、身だしなみも決して良くはなかった。中背というよりすこし長身だが、風采は見栄えがしなかった。しかし、その話すことも動作も、朴直、誠実で、いかにも信用をおけそうな風貌であった。

私はそうした印象を橋本一明に伝えたにちがいない。橋本がどういうふうに伊達を見たかは聞いたことがないが、おそらく同じような印象をもったのではないか。なお、橋本一明・都留晃は原口や私より一年下級生であった。

付記しておくと、伊達の右の文章にはもう一ヵ所私が気がかりに感じている発言がある。それは私が伊達に「原口の遺稿は橋本が保管してますので」と言ったという記述である。

伊達が私の発言を正確に再現しているとすれば、私は原口の遺稿を橋本が保管していると認識し、橋本が遺稿を支配していると認識してはいたが、橋本が遺稿についてどんな権利をもっているか、私が知らなかったことを、この会話は示していると思われる。

＊

こうして伊達が勤務していた前田出版社から原口の遺稿エチュードは『二十歳のエチュード』として出版されることとなった。伊達は『ユリイカ抄』に次のとおり書いている。

「原口統三遺稿集『二十歳のエチュード』は、翌年六月、M出版社から初版五千部が発行され、あっという間に売切れた。が、追いかけて再版、というわけにはいかなかった。紙が当時は簡単に手に入らなかったからだ。それでも、その年の秋に再版五千部が出され、それも瞬く間に売切れた」（以下前田出版社版『二十歳のエチュード』を『前田版・エチュード』という）。

右の伊達の文章には増刷と再版との用語の違いについて誤解があるようだが、措くこととする。本書を執筆するため、私ははじめて『前田版・エチュード』の奥付を見て、若干奇異に感じた。この奥付は左のとおりである（奥付は横書だが、縦書で記す）。

昭和22年5月10日印刷
昭和22年5月15日発行

（カット）

定価　65円
著者　原口統三
版権者　橋本一明
編集者　伊達得夫
発行者　前田豊秀
　東京都千代田区代官町
印刷所　日章印刷株式会社
　東京都中央区茅場町

発行所　前田出版社
東京都千代田区代官町
電話（丸ノ内）288、232

第一印刷製本株式会社
乱丁落丁は絶対に責任を負ひます

私が奇異に感じたのは、版権者として橋本一明の名が、編集者として伊達得夫の名が記されていることであった。

まず、伊達についていえば、編集とは、有斐閣刊『法律学小辞典』によれば、多数の著作物又は数値等その他の素材を集めたもので、その素材の選択又は配列によって創作性が認められるもの、をいう。各種国語辞典の説明も大同小異である。伊達は『前田版・エチュード』についてその出版を思い立ち、権利者とみられる橋本一明から許諾をうけ、割付・装幀等、出版の実務を担当したけれども、こうした行為は編集とはいわない。前田出版社が伊達の企画を採用、実務を担当させ、その経済的リスクにより『前田版・エチュード』を出版したのであり、伊達には編集者を称するいかなる根拠もない。しかし、伊達としては『前田版・エチュード』に関し、あるいは原口統三の遺稿エチュードに関し、特別の思い入れがあり、この出版物『前田版・エチュード』に関し、自分は特別の立場にあり、特別の権利、利益を有すると考えていたのかもしれない。そういう特別の地位を誇示するために奥付に「編集者　伊達得夫」と表示したのではないか。伊達が書肆ユリイカを創業し、書肆ユリイカ版『二十歳のエチュード』（以下『ユリイカ版・エチュード』という）を刊行した経緯もそう解してはじめて伊達の心境を理解できるように思われる。

＊

それ以上に奇異に感じたのは「版権者　橋本一明」という表示であった。有斐閣刊『法律用語辞典（第3版）』には「版権」を次のとおり説明している。

「著作物を独占的に出版することができる権利。明治八年の出版条例でその権利関係が規定されたが、同三二年の著作権法（法三九）で著作権の一部となり、この語の法律上の使用は廃止された。現行著作権法では出版権として規定されている」。

『広辞苑（第七版）』には「版権」について「（福沢諭吉による copyright の訳語）図書を出

版・販売し利益を占有する権利。著作者に属する権利として一八七五年（明治八）の出版条例改正で法定されたが、八七年の版権条例を経て、九九年の著作権法で著作権の語がこれに代わり、法律上は廃語」と説明している。

「版権」という言葉は明治末期には法律上は死語になっていた。現在、一九四七年当時も同じだが、著作者は著作物を独占的に複製・利用できる著作権を有し、また出版社に出版権を与えて出版権者にその著作物を独占的に複製販売させることができる。橋本一明は著者原口統三からその著作物に関する権利の譲渡をうけたと考え、「版権者」としてその名を『前田版・エチュード』の奥付に表記したのであろうし、伊達もこれに同意したにちがいない。なお「版権」という言葉に混乱・誤解を生じたのは、出版条例において著作者がもつ著作権と出版社に著者から与えられる出版権とが明瞭に区別して意識されていなかったためと思われる。

だが、はたして橋本一明は原口の著作物の著作権を譲渡されていたのだろうか。原口にはおそらく誰に彼の著作物の著作権を帰属させるべきかといった俗事には関心がなかった。筑摩書房刊ちくま文庫版『定本　二十歳のエチュード』（以下『ちくま文庫版・エチュード』という）所収の原口の遺書（一）は「一明君」と書きおこし

「君は知つてゐる――疲れた僕を机に駆つて、敢てペンをとらせたものが、一台のピアノであつたことを」

と記し、

「エチュードはピアノの為だけにある」

とも記している。

また、私は本書を執筆するため『ちくま文庫版・エチュード』の「編集ノート」の記載ではじめて知ったのだが、書肆ユリイカ・伊達得夫は一九四九年一二月『合本 二十歳のエチュード』（以下『合本・エチュード』という）を刊行し、これに橋本一明は「新しいエチュードのための跋」と題する文章を寄せており、文中次のとおり記している。

「一九四六年の八月、友は一人で赤城に登った。十三日に高崎の僕の父の家で、下山した彼と僕とが落ち合った。一つ遺作を残すことにしようと思う、とその日彼は言った。表現を否定している友の口からは、これは非常に意外な言葉であった。何の為に？ ――世の中相手に一芝居して、金儲けをやるんだ、と彼は言った。

「だから僕が死んだらね、大々的に広告してそいつを売ってくれよ、題は『二十歳のエチュード』とするんだ。書き出しと終りを、『その時彼ははたちだった』という文章で始めるんさ。売れるぜ。」
質の悪い冗談とも受け取れないので、不承知顔の僕を納得させようとして、死んでしまった後で自分の死がどんなに辱められようとも、死人にとっては何でもありはしない、と彼は言った。その日から芝居が始った。僕達が東京に帰るや、エチュードは書き始められた。

最後の赤城での日々。あの『統さんの夜』に彼は僕が本当にエチュードを出版してくれるかどうかを確めた。

「それじゃ、その金でピアノを買って送ってくれないか……」

誰に？　言わなくとも僕には分っていた。

「それから君がフランスに行って、僕の髪をセーヌの畔に埋めて来てくれ……」

沢山のなすべきことが未来のエチュードの印税にかけられた。

「一九四八年末に始ったエチュードを繞る不祥事を簡単に訴えておこう。僕に果し得る友の遺言を全く果した後、僕はもうエチュードによって『金儲け』をする必要も義務もないように感じた。更にエチュードの内容の及す影響について屢々聞く所があった。又僕自身（エチュードは僕にとって友の唯一の形ある遺品であり、屢々僕の愛であり、時には僕自身ですらあったので）エチュードの内容について考えさせられていた。エチュードの全責任、随って全権利が僕に委ねられている。疑っている今、僕は決定することは出来ない。そう思っている所に最初の出版社である××出版社から三版したい旨の申し込みがあった。勿論僕は断った。ところが、申し込んで来た時には既に印刷を完了していた同出版社では、僕の跋文を除き、決定版限定本と銘打って三千部を無検印出版してしまった。これは大変僕を怒らせたので、当然同出版社は僕の相手取る所となった。結末は、小生意気でセンチメンタルで傲岸で無礼であるという僕に対する不評と、罪のない書肆ユリイカ（実は罪のないことはないのだが）に対する悪評と、損料として使いものにならないエチュード初版の紙型とを得ただけであった。もし中島健蔵先生を始め、著作家組合の方々の御尽力がなかったら、僕は法律によって罰せられたことだったろう。こゝで右の方々に厚く感謝の意を表さなければならない。

けれども別の点で僕は錯誤を犯していた。エチュードの著者は僕ではない。エチュードが僕にとって悪い本であるとか、つまらない本であるとか、人を害する本であるとかの理由から、僕の意志で出版の是非を決定することは許されない。責任逃れのように思えて気はとがめるけれども、僕はエチュードを繞る紛争が落着した後は著作権を友の母君にお譲りし、編輯著作権だけを僕に留めて、いつかのように友の遺稿が倒れかかった出版社の食い物にならないように気をつけようと思っている。この意味からこの合本は編まれた」。

私は橋本一明の生前、かなり親しかったし、彼の葬儀にさいしては弔辞を読んだ憶えもある。そんな関係にあった故人を死後に鞭うつような批判をするのは気が進まないけれど、この跋文を今回はじめて読んで私はその支離滅裂、不得要領な論理に唖然としている。前田出版社との紛争については後に記すこととし、著作権の帰属に私は関心をもっている。橋本は「エチュードは僕にとって友の唯一の形ある遺品」であるというが、それはともかく、「屢々僕の愛であり、時には僕自身ですらあった」と書いているのは正気の沙汰とは思えない。もっと重要なことは「エチュードの全責任、従って全権利が僕に委ねられている」という文章である。責任があるからといって権利があることにはならない。「委ねられている」とは委任されているという意味だろうが、いつ、どのように、委任されたのか。橋本は「エチュードの著者は僕ではない」という。著者でなければ著者から著作権を譲りうけていなければ、著作権者や版権者などと称することはできない。橋本は原口から著作権の譲渡をうけたかのように理解していたようだが、その事実を裏付ける証拠はない。橋本は編集著作権を自分の許にとどめるというけれども、編集著作権を主張できる根拠もない。

明確な事実は『ちくま文庫版・エチュード』所収の「遺書（一）」中、原口が「疲れた僕を机に駆つて、敢てペンをとらせたものが、一台のピアノであった」と書き、「エチュードはピアノの為だけにある」と書いていることである。その注として工藤幸雄は「九月十三日高崎で落ち合った橋本に彼は金儲けのために一書を書くことを述べ、彼の死後それを広告して金を作れと、橋本を無理に承知させ秘密を約した。その後、九月末の或る晩、その印税でピアノを買い、橋本道子に送ることを依頼した」と書いている。

『前田版・エチュード』が出版され、印税をうけとったさい、橋本は、後に米川哲夫と結婚して米川道子となった、その妹、道子にピアノを一台買い与えたにちがいない。ただ私はエチュードが橋本道子に一台のピアノを送るために書かれたとは考えていない。自死をかたく決意した時点で、原口は彼が生きた証しとして、その思想、感想などを書き残したいと考えたのであって、ピアノ云々は口実にすぎないと私は解している。遺著を「大々的に広告」するという発想も、彼の自死が誰に知られることもなく、ひっそりと葬り去られることなく、彼の死の意味をひろく社会に周知させたいという、一種の虚栄心から出たものと解している。これは原口の死が私に与えたふかい傷痕とは関係ないし、本書で私は伊達得夫について記しているので、この点についてはこれ以上ふれない。

ピアノの他、橋本は前記跋文中、フランスへ行き、セーヌ河の畔に原口の髪を埋めることを依頼され、「沢山のなすべきことが未来のエチュードの印税にかけられた」と記し、「僕に果し得る友の遺言を全く果した」とも記しているが、そうした内容は具体性を欠いている。私はかなり橋本の身近にいたし、私よりはるかに身近にいた橋本の友人を多く知っている。しかし、橋本が原口の遺言として何を実行したかを知らない。知っていることは、彼が、前田出版社に対しても、書肆ユリイカに対しても、ずいぶん執拗に、高飛車に印税を催促したことである。あの印税を橋本はどう費消したのだろう。定価六五円の『前田版・エチュード』は二刷、計一万部発行されているから、それだけでも六万五、〇〇〇円の印税が支払われたはずである。一九四八年、公務員の初任給は、一月には二、三〇〇円、六月に二、九九〇円、一二月に四、八六〇円であったと週刊朝日編『値段の風俗史』は記している。インフレーションの激しい時期にはちがいなかったが、この『前田版・エチュード』の印税、その後、伊達が書肆ユリイカから出版した『ユリイカ版・エチュード』の印税は一介の高校生にとっては分に余る収入であったにちがいない。私は橋本が前田出版社や伊達に印税の催促をするのに関与したことはないし、橋本から供応をうけたこともなく、彼が印税を費消する現場にいあわせたこともない。それ故、橋本がどのように印税を費消したかは私にとって謎というしかない。

なお、田中栞著『書肆ユリイカの本』という私にとっては有難い本に『合本・エチュード』の奥付の写真が掲載されており、これには「原口」の印が押捺されている。それ故、『合本・エチュード』の印税をうけとるにさいして原口の母堂が検印紙に押印したものと推察される。この『合本・エチュード』ならびにその後の角川文庫版の印税は原口の母堂に支払われたのであろう。

私はこれまで『二十歳のエチュード』が角川文庫で刊行されていたことをまったく忘れていた。本書を執筆するために書庫を探したところ、角川文庫版『二十歳のエチュード』（以下『角川文庫版・エチュード』という）を所蔵していたことが分かった。しかし、どうして角川文庫版が刊行されることになったのか、当時は聞いていたかもしれないが、その経緯も憶えていないし、読んだ記憶もない。いうまでもなく、原口の書いた『二十歳のエチュード』の本文はくりかえし読んでいたから、角川文庫版が刊行されたからといって、あらためて読みかえす必要を認めなかったにちがいない。ただ、手許の角川文庫版を見て、じつに不可解に思われることがある。

ひとつには、私が所蔵している『角川文庫版・エチュード』は一九五二（昭和二七）年六月刊の初版でなく、ほぼその二年後の一九五四年五月刊の「七版」であるという事実である。「七版」はたぶん第七刷の意味であろうが、初版、初刷でないということからみて、橋本一明、角川書店その他から贈られたものではなく、私が目にとめて買ったのではないか、という感がつよいのである。

それに、この角川文庫版が刊行された当時は、いうまでもなく伊達得夫は存命であった。角川文庫版が刊行されれば、『ユリイカ版・エチュード』は売行に深刻な影響を与えることは確実である。私は橋本がどうして伊達得夫、書肆ユリイカに甚大な損害を与えることとなる、角川文庫版の出版を許諾したのか、理解できない。橋本の了解なしに、原口統三の母堂ないし遺族が角川書店に出版の許諾をしたとは思われない。何となれば、角川文庫版には橋本が新たに「解説」を書いているからである。実質的には、橋本が角川文庫版の刊行を許諾したにちがいないから、これは橋本の伊達得夫、書肆ユリイカに対する背信的行為だとしか私には思われない。

さらに、私がまったく理解に苦しむのは、橋本の「解説」中の次の一節である。

「エチュード」は以前二つの出版社から出版された。現ユリイカ社長伊達得夫氏の変らぬ好意には再度の感謝を捧げねばならぬ。しかし、既刊のエチュードは多少の誤植を含んでゐた。この度、僕は遺品のノートによつて、それを徹底的に改めた。誤解を招くと思はれる誤字二三を直しただけで、あとは句読点も厳密に原稿に従つた。当然のことであるが、ノートに撲り書いた原稿では、句読の判読は屢〻甚だしく困難である。出版の際、もし誤字誤法を見つけたら、君のよいやうに直してくれと言つた友の言葉を考へ、字法に厳格だつた彼の生前を想起して、僕はいろいろと思ひ惑つた。が誤字誤法まで捨て難い気がしたので、能ふる限り忠実に原稿を追つた。実際、死の日に近づく足どりを見る心地して、僕は、彼の堅い確かな手蹟の乱れまで、印刷に附したい気持ちでゐる。このテキストを許されたのは、全く角川書店の好意による」。

この文章からみれば、前田出版社版についても、書肆ユリイカ版についても、橋本がまったく校正の労をとらなかったことが明らかである。しかも、「既刊のエチュードは多少の誤植を含んでゐた」と言い、校正を担当した伊達を責めている。いったい、出版社の担当者が校正するばあいでも、著者も校正することは当然であり、原口が死んでいる以上、当初から、橋本には校正すべき義務があった。前田出版社版や書肆ユリイカ版に誤植があったとしても、前田出版社で刊行を担当して同社版を刊行し、書肆ユリイカ版を刊行した伊達得夫を責めるのは筋が違う。

むしろ、伊達は前田出版社版を刊行したさい、原本のノートを筆写し、これを印刷に付し、原本のノートを橋本に返却する、という手間をかけていたにちがいない。そうでなければ、「二十歳のエチュード」の原本のノートが今日まで残ることはありえなかった。これは伊達得夫の原本を大切に保存しなければならない、という配慮によるものである。この筆写稿を作成し、筆写稿を印刷に付することにするという配慮と労力は本来橋本一明がとるべきことであった。そのような配慮を払うことなく、労力をかけることもなかった橋本一明が、前田出版社版、書肆ユリイカ版の誤植を非難するのは、筋が違う。それらの誤植は、伊達が印刷に付すための筆写稿を作成したさいに、読み違えたか、書き違えたか、あるいは、筆写稿では誤りはなかったのに印刷にさいして誤りが生じたのか、いずれかであろう。橋本の非難はまことに軽率である。

伊達得夫の労を惜しまない努力と見識によって、原本のノートが現存するに至ったことに私はあらためて感謝の意を記しておきたい。

こうして残されたエチュードのノートは橋本の死後、都留晃の手に渡り、私が日本近代文学館の理事長をしていた時代、一九九六年一二月一四日、都留から文学館に寄贈され、中村鐵太郎さんがこれにもとづいて、校訂してちくま文庫版の『定本　二十歳のエチュード』が刊行されることになったのである（なお、ちくま文庫版の「編集ノート」の末尾に、原口が残したもう一冊、切抜き帖が保存されている、と記されているが、これは私が原口から贈られて所蔵していたものであり、私から日本近代文学館に寄贈したものである）。

つまり、橋本一明の角川文庫版の「解説」から、窺われることは、彼が、進んでその労をとるべきであった、前田出版社版の校正も、書肆ユリイカ版の校正もすることなく、かえって、これらの版の誤植を責めているけれども、むしろ、伊達得夫の慎重な配慮により「二十歳のエチュード」の原本ノートが残されたという事実である。また、伊達は角川文庫版の刊行についても一言も愚痴、苦情を言わなかった。これも、伊達の高貴な資質であった、と私は考え、彼に対する敬慕、親愛の情をあらためてふかくわが心に刻むのである。

＊

『ユリイカ抄』の「ふりだしの日々」に次の記述がある。

「二十二年の暮、ぼくのつとめ先は、尨大な返本を屑屋に叩き売って倒産した。ぼくは個人で出版をつづけようと考えた。神保町の喫茶店ランボオの片隅で、ぼくはコーヒーを前に置いて、橋本一明と対座していた。ぼくが始める出版の最初の仕事として『二十歳のエチュード』を改版して出さしてほしいと申し入れたのだ」。

こうして『ユリイカ版・エチュード』は一九四八年二月二五日付で発行された。この時点で前田出版社が倒産していなかったことは田中栞の前掲書にも確認されているし、これ以前、長谷川郁夫『われ発見せり 書肆ユリイカ・伊達得夫』(以下『われ発見せり』という)においてもすでに確認されている。何よりも、これから検討する『前田版・エチュード』第三刷をめぐる紛争からも判然としている。

前田出版社は倒産していなかったが、自分は独立して出版業をおこしたいと考え、最初に『二十歳のエチュード』を出版したいと思って、橋本一明と話し合った、と伊達が書いていたとすれば、読者はどう感じるだろう。出版社の社員が出版の企画を会社に提出、会社はそれを承認して出版したところ、ベストセラーになった。そこで企画を立てた社員が独立し、そのベストセラーになった著書を自社から出版することは、法律問題は別として、道義的には非難を免れないのではないか。そういう観点から、伊達の『ユリイカ抄』における文章は粉飾されたのではないか。

ところで、前田出版社が出版した『前田版・エチュード』第三刷は、田中栞の前掲書に次のとおり記されている。

「もともと『二十歳のエチュード』は前田出版社が発行していた本なので、増刷するのに問題はないはずだった。第二版と同様、本文の印刷を完了して橋本に了解を求めたところ、拒絶されてしまい、前田出版社はしかたなく橋本の跋の部分の含まれた最終折のみを作り直したようだ。

第三版は、頁を節約するために前付けの中扉や原口の略歴など数か所の削除を行っており、そのために最終折の頁数が第二版より八頁少なく、三六三頁から始まる八頁折で済んでいる（通常は一折が一六頁で作られている）。本来なら奥付も本文紙に組版印刷するが、本文最終頁が三七〇頁で、これがちょうどこの折の最終面であるため、最後の葉に奥付を入れることができなくなってしまった。こうした場合、奥付を印刷した一丁（一枚）を糊で貼り込むことが多いが、本書はそれも節約して、三七〇頁の対向の後ろ見返しに「貼り奥付」としている。

橋本の記したように、増刷を打診した際にはもう印刷が終わっていたとすると、目次部分に橋本の項目が残ってしまったことに合点がいく。最終折の刷り直しは仕方がないとしても、この一行の削除だけのために一折一六頁分を刷り直すのは、どう考えても避けたかったに違いない。そうかと言って白紙を貼ったり抹消線を引いたりしようものなら、手間もかかるしかえってその部分が目立ってしまう。したがって、この第一折は修正しないままにした。目次に橋本の項目が残ったのは、「うっかりミス」というよりも、こうした判断からあえて残さざるを得なかった結果だと思われる。

『前田版・エチュード』第三刷は、第一に、目次に「跋に代へて（橋本一明）」とあるのをそのまま目次とし、反面「跋に代へて」を全文削除し、橋本が拒絶していたので、当然検印のない出版物であった。

一方、伊達は書肆ユリイカを発行元として『ユリイカ版・エチュード』を一九四八年二月二五日に刊行し、田中栞の前掲書に示されている『ユリイカ版・エチュード』第三刷の奥付の写真によれば、第二刷を一九四八年七月二〇日に刊行、第三刷を同年九月三〇日に刊行、その定価は一一〇円と記されている。発行者伊達得夫、発行所書肆ユリイカの表示に変りはないが、初刷、第二刷で書肆ユリイカ、伊達得夫の住所が目黒区柿ノ木坂一一となっているのに対し、第三刷ではじめて所在地が新宿区上落合二ノ五四〇に変っている。

つまり、伊達は彼の出版業から得た唯一の資産である上落合の土地を『ユリイカ版・エチュード』による収益により、一九四八年の夏に買いとったのであった。その間、一九四八年四月一〇日、原口の書簡、遺書、その他友人知己の追悼文を収めた『死人覚え書』を刊行している。『ユリイカ抄』の「ふりだしの日々」中の一章「パイプはブライヤア」の章に

「ぼくが原口統三の『二十歳のエチュード』を出版したのは一九四八年二月である。そして四月には、原口統三の書簡と教師や友人たちの追悼文をおさめた『死人覚え書』を発行した。ある書店に立ちよったとき、ぼくの前でそれらの本がみるみる数冊売れて行ったのを目撃した。ぼくは落ちつかない気分で、用もないのに、その店を出たり入ったりした」と書いている。『ユリイカ版・エチュード』が伊達の見ている前でみるみる数冊売れたというのは事実だろうが、『死人覚え書』の売行はそうかんばしくはなかったはずである。これが増刷されたという記憶を私はもっていない。

さて、伊達が『前田版・エチュード』第三刷が市販されていることに気付いたのは一九四八年一二月だったようである。橋本一明・都留晃の二人は東大受験に失敗し、私の紹介で大宮の白井健三郎さん方に止宿、翌年の受験にそなえていた。『ちくま文庫版・エ

チュード』に、白井健三郎方橋本一明宛一九四八年一二月二七日付葉書が収められている。「都留君の来意承知しました。さっそく著作家組合をたづねたところ事務の女の子一人しか居りませんでした。いつでもこの女の人一人だけの様子で、女の子にしては、要領を得た話をしてくれました。／一．中島氏に会ふのなら来月十二日午後、出版協会二階著作家組合へ出向くこと、／二．告訴の前に、前田出版社宛、配本の回収を要求すること／三．弁護士は紹介してもらひましたから、ぼくが兄と同道したい。その際、前田出版と交換した契約書を持参のこと。／以上ですが、兄から手紙ででも前田出版へ第二項の件の通知を発しておいて下さい。形式的にも必要。もし出て来れるなら会って相談したい」。

この文面からみると、伊達は、橋本と前田出版社との間に出版契約書が締結されていることを承知していたようにみえる。また、著作家組合は出版協会の二階にあるとこの葉書は記しているが、この出版協会とは現在の書協、一般社団法人日本書籍出版協会、の前身ではないか。著作家組合は日本文藝家協会の前身かもしれない。それはともかくとして、書協では早くから出版契約書のヒナ型を作成、出版社に対しこのヒナ型にしたがって出版契約書を著者との間に締結するよう推奨していた。それ故、前田出版社がこのヒナ型にしたがい橋本と出版契約書を締結していた可能性が高い。このヒナ型では出版社の権利を守るため、著者は出版社に出版権を設定する旨が規定されていた。いいかえれば、出版契約書により前田出版社は原口統三の遺著『二十歳のエチュード』を独占的に複製・販売する権利を与えられていたはずである。書肆ユリイカが『ユリイカ版・エチュード』を発行したことも、橋本がこの発行を許諾したことも前田出版社が契約上有する出版権を侵害する行為である。出版権侵害についても著作権侵害と同様、侵害者には民事法上のみならず刑事法上も責任がある。橋本が『合本・エチュード』の跋文に「中島健蔵先生を始め、著作家組合の方々の御尽力がなかったら、僕は法律によって罰せられたことだったろう」と書き、書肆ユリイカについても「実は罪のないことはないのだが」と書いているのは、このように解してはじめて腑に落ちるのである。

ただ、前田出版社の側にも、『前田版・エチュード』第三刷について、橋本の承諾のないままその跋文を削除、無検印で刊行した、という過誤があった。そのために前田出版社としては自らの過誤を棚に上げて、書肆ユリイカ、伊達得夫、橋本一明を責めることはできない。そのために『前田版・エチュード』の紙型を橋本に引渡すことで和解が成立したのであろう。それには著作家組合の人々の尽力があったにちがいない。

私としては、真相は、前田出版社も、伊達も橋本も、出版契約書に何が規定されているかを知らなかった、あるいは出版契約書を読んだこともなかったのではないか、と推測している。前田出版社が倒産していないのに『ユリイカ版・エチュード』を出版することは、法律問題は別として、道義的に問題がある、とすでに記した。『ユリイカ版・エチュード』の出版は法律的にも違法であった。敵失によって救われる、ということがある。相手チームのエラーによってセーフになる、ということである。

書肆ユリイカは、そういう危うい出版によって出発したのであった。

＊

『ユリイカ抄』の「ふりだしの日々」の第一章に伊達は、『前田版・エチュード』の売行が記録的だったにもかかわらず、その印税はスムースではなかった、と書いている。「けれども、そのことが、版権所有者である橋本一明やその友人たちと、ぼくとの間を深める結果になったのだろうか。ぼくは印税を断るために、しばしば彼らと対談しなければならなかったし、その負い目で向陵時報という一高校友会の機関紙の印刷をあっせんしたり、最初に一高の寮で会った中村――詩人、中村稔の書いた探偵小説をカストリ雑誌に売込んでやったり、それらのめんどうを心よく引受けなければならなかった」。

私が印税の催促にまったく関与しなかったことはすでに記した。ただ、伊達とその間私が親しくなったことは間違いない。

「中村稔の探偵小説――ぼくはもうその題も、彼がこの場合だけ使用したペンネームも、記憶にないが、それが小栗虫太郎の影響をうけていたことと、たいへんエロっぽいものであったことは忘れない。結婚したばかりのぼくの女房は、その原稿を読んで、「中村さんは結婚もしていないのに、どうしてこんなことまで知ってるんでしょう」と顔をあからめた。しかし、その点にこそカストリ雑誌の編集長は惚れこんだのであろう。いくばくかの原稿料を、かれはポケットに納めて、心もち背を丸めながら、夕暮の神保町に消えていった」。

私の粗末な探偵小説については、私こそ顔をあからめずには思いだせないのだが、それはともかくとして、伊達の文章からみると、私が探偵小説を売りこんだのは、前田出版社が『前田版・エチュード』の印税を支払うのが遅れていたため、伊達が私をふくむ橋本一明の友人たちに負い目を感じていた時期であったように解される。

これは私の記憶と合致しない。一九四七年三月に一高を卒業した後、私は父の勤め先の水戸で生活していた。父の給与では私を東京に下宿させることができなかったので、私は大学の授業には出席せず、水戸で遊び暮らしていた。実際問題として、私は一高卒業後、小遣いを貰っていなかったので、小遣い稼ぎの必要があった。伊達の文章によると、私は探偵小説の原稿を預け、カストリ雑誌の編集長がそれに目を通して採用を決めたので、私が原稿料を貰いに出かけたようにみえる。

当時、私は二度も水戸から上京する旅費もなかった。私の記憶によれば、伊達得夫はパラパラと原稿を斜め読みして、いいでしょう、と言って原稿料を払ってくれたのであって、ただ一度だけであった。私はむしろ『死人覚え書』のために「その秋の回想」という文章を書いた後、伊達が私の筆力を認めてくれていたから、ほとんどみずてんで探偵小説を買ってくれたのではないか、と自惚れていた。

あるいは、前に、探偵小説を書いたら買ってくれるか、といった打診の上、私は原稿を持ちこんだのかもしれない。また、伊達はカストリ雑誌に掲載される小説は、よほどひどいものでなければ採用できると考えていたのかもしれない。

しかし、伊達得夫という人は頼まれると嫌とは言えない人であったといま私は考えている。そういう意味で彼は多くの人から頼まれ、嫌とは言えない重荷を始終かかえていた。だから彼はいつも憂鬱そうだったし、憮然としていたのだ、と私は考える。

一九五〇年に私が刊行した第一詩集『無言歌』についても同じことがいえるように思われる。私は次のとおり書いたことがある。

「半分程度の部数は、私が販売を引き受けるような約束であった。だから、計算上は伊達が損をすることはないはずであった。しかし、私は前金を払ったわけではないから、伊達にとって、それほど商売として面白いものでもなかったはずである。そんなことで私のはじめての詩集『無言歌』が出版された。詩集そのものは売りつくしたが、計算のように金は入らなかった」。

私自身はほとんど売った憶えはない。都留晃や、ひょっとすると橋本一明もまじった、一高の下級生たちが売りにまわってくれた。そのため飯島耕一が『無言歌』を手にすることになったし、佐久間穆など、本人とその後結婚した女性との二人が売りつけられて『無言歌』を二冊持つことになったのであった。その売上金はどうなったか。都留らから直接伊達に支払われたとは思われない。私はその売上金をすべて私の小遣いに使ってしまったのではないか、と恥ずかしいことだが、いまとなって疑っている。肝心なのは、私は伊達との間で、売上について清算しなかったことである。それほど私は不徳義、破廉恥であったのか。省みて忸怩たる思いがつよいが、私が伊達に売上金を支払わなかったのではないか、という私の記憶が正しければ、たぶん正しいのだが、伊達は『無言歌』の出版により相当の損失を蒙ったはずである。そのことについて、伊達から催促をうけた憶えはない。私は伊達との間の友情をふかめたと思っていたが、伊達は一言の咎め立てをすることもなく、ただ、憮然として怺えている性分であったようにみえる。

（二）書肆ユリイカ

伊達は寡黙な人であった。私と話すときは共通の話題について話しても、私たちの共通の関心事でないことについて、まったく愚痴を言ったり、泣き事を言ったり、面白可笑しく話すことはなかった。稲垣足穂とのかかわりについても、『ユリイカ抄』を編むまで私はまったく知らなかった。同書の「ふりだしの日々」中「呪われた本」と題する一章があり、文中、牧野信一の『心象風景』を宇野浩二を介して発行した件について次の記述がある。

「一九四八年六月、『心象風景』は「宇野」の検印をつけて発行された。配本をすませた翌日、なにげなくそれをパラパラとめくっていたら、たいへんな乱丁に気がついた。一二三頁の裏が一三四頁になっているのだ。これは製本上のミスではない。印刷の手違いだから全部の本が同じ乱丁になっている筈である。別の本をめくってみた。次の本も。その次も……。ぼくは、前日に配本して廻った取次店をまた一軒ずつ回収して廻らねばならなかった。印刷屋に責任を追及したら、目を丸くして、早速印刷し直すが、どうしてこんな間違いが生じたか見当もつかぬと首をかしげた。何処かに狂ったところがあるのだ、この本には。始めからそんな気配があった――。首を吊った著者の呪いを背に感じながら神田神保町のたそがれを、ぼくはめいりこんだ気分であるいた……」。

次に一行あけて以下に続く。

「回収した本をもう一度製本屋にもちこみ、新しく印刷した頁を切りばりした。そのために一週間が無駄になった。前には引受けてくれた取次店の半数から、こんどは拒否された。かけ出しの出版屋のぼくを、かれらはつめたい目で見た。そして、結局、配本残りの一〇〇〇部あまりを、印刷屋の隅に空しくあずけっぱなしにするほかなかった」。

その後、一週間くらい経って突然印刷屋が全焼、何も残っていなかったこと、印刷屋の主人が年の暮、あのときの印刷代を払ってもらえないか、と言ってきたので、拒絶したことを記している。

一〇頁以上も落丁のある本を落丁分だけ切り貼りしたからといって、商品として売物になるはずがない。取次の半数がひきとってくれたというけれども、ひきとりはしても結局は返本しただろう。法律的にいえば、印刷屋は、落丁分だけでなく、全頁を印刷し直し、製本し直して、伊達に納本する義務がある。しかし、伊達はそういう強持ての要求をしなかった。伊達の側にも弱みがあったかもしれない。しかし、かりに弱みがあったとしても、正当な要求はどこまでもしなければ商売は成り立たない。伊達は印刷屋の苦境を思いやったのである。伊達は思いやりのある人であった。この思いやりを、あるいは、人の好さ、というべきかもしれない。伊達は同じ章を次の文章でしめくくっている。

「その年の暮、印刷屋のオヤジが久しぶりでたずねて来た。こんなこと言えた義理ではないけども、あのときの印刷代をはらってもらえまいか、正月に子供にミカンの一つも買ってやりたい。そんな情けない科白であったが、しかし、ぼくは支払をするわけにはいかなかった――あの呪われた本のおかげでぼくにも、子供にミカン一つ買ってやれない正月が迫っていた」。

さすがの伊達も支払を拒否しているけれども、年末、印刷屋の主人が訪ねてきたのは、伊達の思いやりにつけこんだというより、人の好さをあてにしたからだと思われる。

このときからだいぶ経った一九五二（昭和二七）年、伊達は真鍋呉夫・安部公房・戸石泰一・小山俊一らの同人誌『現在』の発行をひきうけた。伊達は「ふりだしの日々」中の「火焰ビン文学者」の中で次のとおり書いている。

「五号が発行されたころ、石川県内灘では基地反対闘争がはげしくくりひろげられていた。一九五三年六月十五日、米軍は試射の第一弾を砂丘にうちこんだ。その音がラジオによって伝えられたとき、ぼくの耳もとに心臓がとび上ったような気がした。「現在」同人会の帰途、ぼくは真鍋呉夫にささやいた。「一しょに内灘に行かない？」「ああ行きたいなあ、金さえあれば、ね」「金はねえ、君がルポルタージュを書いてさ、ぼくが本にすれば、旅費くらいかせげると思うんだ。だから当座の間、誰かに借りればいいんだが。ぼくの分はあるから君の分だけ……」「うん、そりゃ名案だ。あ。泉君、泉君……」前をあるいていた泉三太郎がふりむいて眼鏡をずり上げた」。

こうして泉三太郎から借金し、二人は内灘へ出かけることになった。私は弁護士登録をし、駈け出しの雇われ弁護士として勤めはじめたのが前年の一九五二年だから、その翌年の出来事であった。そのころ土曜日も午後三時まで勤める規則だったから、私は伊達と疎遠になっていた。そのため、これほど伊達が内灘闘争にうちこみ、共産党に傾斜していたことはまったく知らなかった。

「その夜真鍋は上野を立った。翌日の夜、ぼくもカメラをさげてあとを追った。約一週間、ぼくたちは革命前夜のように湧いている内灘の村を歩きまわった。そのぼくたちの上に、砲声が絶えず重たく鳴っていた。

帰りの夜汽車の中で、ぼくと真鍋とは、興奮の余韻をとどめながら語り合った。

——内灘だけでなくて、いろんなルポルタージュを書いてどんどん流そう。「現在の会」編ということにしてシリーズにするといい。シリーズの名前に「私たちの報告」というのはどうかな。現在の会編、私たちの報告。いいじゃないか。五十円くらいなら、きっと売れるよ。ま損することはないさ。損得の問題じゃないけどさ、損してたら続かないからな。きっと大丈夫だ。二人の前にパンフレットたちが羽根をはやして革命にむかって飛び立って行くイメージがありありと浮んだ」。

次に一行あけて以下に続く。

「ところが、大丈夫でなかった。一週間くらいで書き上げる筈だった真鍋の原稿が一月たっても完成しなかったのだ」。

伊達自身、革命熱に浮かされたような心理状態だったことは彼の筆致から確かだが、ともかく真鍋の原稿は伊達の催促、真鍋の苦闘にかかわらず書き上らなかった。

「内灘に行ってから二ヵ月近くたったある夏の夕、やはり催促に出かけたぼくは、真鍋の家で、バッタリ小山俊一に会った。かれは待ってましたという風にぼくの前にどかんと胡坐をかいた。

「伊達よ、キサマは真鍋を殺す気か」激しい口調であった。

「え？」

狼狽してぼくが顔を上げると、凸レンズのようにきつい眼鏡を光らせて「キサマは自分の商売のために泊りこんでまで書かせよるじゃないか。真鍋の弱っとるのが分らんか。いったい印税のことはどうなってるんだ。キサマはいくら払うつもりだ」とたたみかけた」。

こういう非難に伊達は「一言の弁明もせずにポカンとして」いたと書いている。

やがて真鍋が八〇枚ほどの原稿を書き上げたところ、印刷を中止するように言われ、真鍋・小山・島尾・戸石・泉らの待っている場所に呼びだされた。

「ぼくが、あらかじめ印税契約をしなかったのはけしからん。現在の会編とする以上、会の代表者である編集委員たちと契約しなければ発行を許さない。それがかれらの言い分であった。ぼくはこのパンフレットを、もうけ仕事として始めたわけではない。ぼくの予定した期限内に発行されたとしても、せいぜい取材に行った二人分の旅費くらいのものが還ってくれれば成功の筈だった。だから印税の話なぞしなかったのだ。それが筆者の遅筆のせいで二ヵ月近くも遅れ、しかもいま、本ができ上りかけていると聞いて急にそんな話をもち出すのは、いったいどんな神経なのだろう。

「そんなら現在の会編ってのをやめるさ」

「いや、現在の会編でなければ真鍋が発行を許さんよ。な、真鍋」真鍋はうつむいたままうなずいた。「なにしろ、講談社でも理論社でも持ちこめば出してくれるんだ」

「なるほど」とつぶやいてぼくは絶句した。見事な王手であった。ここでぼくが投げ出したら、いままでの一切の経費を全部赤字としてぼくがかぶるだけのことだ。とどのつまり、ぼくはその場で、定価の二割という驚くべき高率の印税契約をのまされた。「いう通りにしよう」とぼくは答えた。

「ああ、腹がすいた。ソバでも食わんか」と誰かが言った。みんなぞろぞろ部屋を出ていった。ぼくも立ち上った。すでに人通りの途絶えた夜更けであった。島尾敏雄がぼくのそばに寄って来て「みんなムチャいいよるなあ」と呟いた。それまでの会議中、かれは一言も発言せずに、部屋の隅でじっと膝をだいていたのだ。「仕方がないよ」とぼくは答え、ソバ屋に入るかれらに別れて、ひとり、国電の駅へ道を右へ折れた」。

定価五〇円、三、〇〇〇部印刷されたパンフレット『内灘』を伊達は風呂敷につつんで方々の労働組合に行商して廻ったが、「ははあ、内灘ですか」と情宣部の人はゲンナリした様子で答え、三カ月後、夥しい売れ残りをゾッキ屋に持ちこんだところ、ゾッキ屋からも引取りを断られた、という。

島尾敏雄の卑怯さが腹立たしいが、そのことは別として、定価の二割という印税契約なら、印税は三万円に達したはずだが、伊達は払ったのだろうか。不審だが、支払うような余裕が伊達にあったとは思われない。

それより、この文章に記したような弁明を伊達はしたのだろうか。弁明したなら、括弧をつけて彼の発言として記したにちがいないから、そこで一悶着あったはずである。伊達は抗弁しなかったのであろう。

私なら、それならぼくは手を引くから講談社でも理論社でも好きなところに持ちこんだらいい、と啖呵を切るところだが、伊達はじっと我慢して、定価の二割という莫迦げた印税契約を結んだ。それまでの経費の一部でも回収したいと考えたのかもしれないが、ここで小山らの無理難題をはねのけるのも男の意地である。伊達はこの文章の末尾に「ぼくは、火焔ビンで軽くやけどをしただけかもしれぬ」と書いているが、私がはじめて知った、伊達の政治的季節はここで終り、彼の心はふかく傷ついた。それにしても、伊達は喧嘩下手ないし喧嘩のできない人であった。彼はつねにたえる人であったという感をふかくする。

＊

伊達得夫あるいは書肆ユリイカが詩書出版社として伝説的存在となったのは

一九五〇年五月二五日刊　福田正次郎（那珂太郎）著『ETUDES』（限定500部）
　九月一日刊　『中村真一郎詩集』（限定300部）
　九月三〇日刊　中村稔著『無言歌』（限定300部）

の三冊の詩集の刊行を端緒として、一九五四年九月から五五年五月までの間に刊行された『戦後詩人全集』全五巻の刊行によって本格化したことによるとみるのが通常の見方であろう。これらの詩集の刊行の意義については後にふれることとし、これ以前、伊達が中原中也訳『ランボオ詩集』を一九四九年二月一〇日付で刊行し、一九五〇年一一月一〇日付で安原喜弘著『中原中也の手紙』を刊行している事実の意義を看過してはなるまい。とこ

ろで、

あゝ、われら怯懦のために長き間、いとも長き間
徒なることに拘らひて、泣くことを忘れゐたりしよ、げに忘れゐたりしよ……
—中原中也—

という中原中也の詩「老いたる者をして」の一部が『二十歳のエチュード』（『ちくま文庫版・エチュード』）第二部に書きこまれている。大岡昇平編・創元選書版『中原中也詩集』が『山羊の歌』『在りし日の歌』の二詩集をあわせて刊行されたのが一九四七年八月二五日であった。『二十歳のエチュード』第二部には「1946.9.26 — 9.27」と冒頭に記されているので、この「老いたる者をして」からの引用は創元選書版『中原中也詩集』の刊行前に書かれた。この創元選書版『中原中也詩集』により中原の作品はひろく知られるようになったが、それまではごく一部の読者の間でしか好まれていなかった。『山羊の歌』も『在りし日の歌』も入手は難しかった。一高図書館には岡本信二郎蔵書として、これら二詩集が収蔵されていた。私は『山羊の歌』を筆写したことがあり、それは中原中也が国文

学会の学生の間で必読の詩人として語りつがれていたので、私も図書館で読み、読んだだけでは満足できず、筆写したのであった。原口統三の引用の表記は『在りし日の歌』所収の作とは若干違っている。たぶん原口は記憶によってここに書きとどめたのであろう。表記に僅かな違いがあるとはいえ、これほど正確に「老いたる者をして」の一節を記したことからみて、原口が中原中也を、ことにこの詩を、愛誦・暗誦していたことは間違いあるまい。

伊達得夫も中原が好きだったにちがいない。それは中原中也訳『ランボオ詩集』を一九四九年二月に刊行したことから確実とみてよい。伊達はこのため大岡昇平を訪ね、大岡さんを介して中原家の許諾を得て出版した。二〇〇〇年二月に青土社から『中原中也の手紙』が新装改版されて刊行されているが、同書所収の安原喜弘の「中原中也のこと」と題する文章で、「大岡の紹介でユリイカ社の伊達という人の手に渡り、そこで翌二十五年に『中原中也の手紙』として出版された。初版二、〇〇〇部という約束だったが、実際に印刷したのは四〇〇部だけといっていた」と書かれている。それ故、安原喜弘著『中原中也の手紙』の出版のため安原を伊達に紹介したのは大岡さんにちがいないが、何故伊達が大岡さんを知ったか、大岡さんが安原に伊達を紹介したか、を考えてみると、中原中也訳

『ランボオ詩集』を刊行した機会に二人が知り合ったとしか考えようがない。

創元選書版『中原中也詩集』により中原の作品は飛躍的に多数の読者をもつことになったが、彼のランボーの翻訳にまで関心を示す出版社は伊達以外になかった。中原中也をつうじて、原口と伊達は、そして、私は、心情的に結ばれていたのである。中原訳『ランボオ詩集』を出版したい、という奇特な出版者として大岡さんは伊達を記憶していたので、安原喜弘『中原中也の手紙』を伊達に出版させるよう、紹介したのであろう。安原は「戦争も終った昭和二十四年に、南方から復員していた大岡昇平を通じて文藝春秋社から出版の話があり、残部をまとめて本の形にした。文藝春秋の方はけっきょく出版委員会の反対があったとかでダメ」になったため、『中原中也の手紙』は伊達の許に持ちこまれたのだ、と記している。中原中也訳『ランボオ詩集』は田中栞前掲書の「書肆ユリイカ出版総目録」によれば、一九四九年二月一〇日に刊行された後、同年九月二〇日に第二刷が増刷されている。かりに初刷、第二刷とも一、〇〇〇部だったとすれば、『中原中也の手紙』も二、〇〇〇部くらい売れるかもしれない、といった趣旨のことを伊達は安原に告げた可能性はある。しかし、伊達は四〇〇部しか製作しなかった。一、〇〇〇部さえ売りきる自信がなかったのである。文藝春秋のような大出版社ではないから、広告宣伝費を使えるわけではない。伊達の知る取次店、小売店に配本して廻って店頭に並べておいてもらう、といった販売方法しか採ることができなかった。その四〇〇部さえ売りつくすことはできなかったから、増刷もできなかったのである。売行がよかったら二、〇〇〇部刷ったにちがいない。四〇〇部しか印刷しなかったことで伊達が責められるのは理不尽としか思われない。

一方、一九四九年一二月『合本・エチュード』を出版し、一九五〇年五月、伊達は福田正次郎（那珂太郎）の詩集『ETUDES』を出版するまでの間、一冊の書籍も出版していない。そして、同年六月には自由書院という教科書参考書専門の出版社に勤めはじめていることは長谷川郁夫『われ発見せり』が引用している伊達の書簡が示している。「仕事は恐ろしくおもしろくないが、生活を安定させるために、がまんしなければなるまい。かたわらユリイカを育てていきたいと思っている。《Etudes》は死花のつもりだったが、やっぱり本は作りたい」とこの書簡中に伊達は書いている。『ユリイカ抄』の「ふりだしの日々」中の一章「首吊り男」に次の一節がある。

「ある日、ぼくの高校時代の同級生で、女学校の教師をしている詩人那珂太郎を訪ねて言った。「おれは出版やめようと思うんだ。とってもつづかねえや」「そうか、いよいよやめるか。それじゃ最後におれの詩集を作らんか。おれの詩集は生徒が買ってくれるからな。売れるぜ」「よし、やるべえ」とぼくは答えた。濃紺の函に入った純白の詩集『ETUDES』は果してかれの言葉通り教え子たちの手によって売り切れた」。

つまり、『中原中也の手紙』の刊行後も、伊達は到底出版業を続けられないので、書肆ユリイカを廃業しないまま、生活費稼ぎのため自由書院に職を求めるといった状況にあった。二〇〇〇年に再刊された青土社版『中原中也の手紙』の「あとがきにかえて」に安原喜弘の子息、安原喜秀は「この書が「約束に反して」（原著者しるす）わずか四百部しか発刊されていなかった」と記している。私は安原喜秀氏が『中原中也の手紙』を新装出版したいといっているので、青土社に頼んでもらいたいと『新編中原中也全集』（角川書店刊）の編集スタッフに言われ、青土社に口をきいて青土社版『中原中也の手紙』を刊行してもらった因縁があるので、伊達と安原喜弘との間に二、〇〇〇部刊行という約束があったのに、伊達が約束を破ったと書かれているのを読み、憤りを覚え、伊達が気の毒でならなかった。伊達がそんな約束をしたことはありえないと私は信じている。

ここまでは私の愚痴に近い。私の強調したいことは、伊達が中原中也とその作品を周知させるのに余人の決して果たすことができなかった寄与・貢献をしているという事実である。

まず中原中也訳『ランボオ詩集』の刊行についていえば、一九六八（昭和四三）年四月、角川書店刊の『中原中也全集』第五巻に収録するまで、通常は読むことができない翻訳であった。私が実質的に編集した一九五一年の創元社版『中原中也全集』に収録されなかったのは、私の記憶では、中原の語学力による誤訳を大岡さんが危惧したためだが、現在、その翻訳の個性的な独自性はひろく認められると思われる。この訳書を一九四九年という時点で刊行したことは伊達が誇ってよいことであろう。

それ以上に重大な意義をもつのは、『中原中也の手紙』の刊行である。同書には、長期にわたり、詳細に、中原中也の生活の実態を窺わせる情報が充満しており、中原中也研究者にとってじつに貴重な資料となったのであった。ただ、『中原中也の手紙』は安原喜弘という人物の眼から見た中原を描いているので、ある種の偏りがみられるけれども、中原を見る眼が人により異なることは当然であって止むをえない。私自身は安原が中原を理解していたとは考えないが、安原が中原の誠実な友人であったことは疑いないし、そういう友人だからこそ見聞した証言が同書には多く含まれている。

私は本稿でクロノロジカルに伊達を描くつもりはない。私が知り、また、没後に学んだ、いくつかの面から伊達の人格を描きたいと考えている。そういう意味で、伊達が一九五六年一〇月に創刊した雑誌『ユリイカ』の一一月号、つまりは創刊号に次ぐ翌月号を「中原中也特集」号として刊行したことの意義も評価されるべきであると考える。その内容は

中原中也の生活　　中村　稔
中原中也と歌　　大岡　信
アテネ・フランセのころ　　関　義

の評論・随筆と創元社版『中原中也全集』に洩れていた「材木」「初夏の夜に」「秋を呼ぶ雨」の詩三篇を収めただけのものだが、中原に関する研究・評論・随想等で雑誌を特集するという企画に先鞭をつけたものであった。もちろん、中原の作品のばあい、伊達がこのとき特集していなければ、他の雑誌も同様の企画を立てたであろう。しかし、創元社版『中原中也全集』の刊行をうけて、読者の関心を喚起する先陣を切ったことは勇気もいることだし、中原中也という詩人に対する熱い信条がなければできないことである。内容についていえば、私の「中原中也の生活」はとるに足らないが、中原を論じるばあい、つね

に問題となるその歌謡性を「中原中也の歌」にはやくも論じているのは俊才大岡信ならではの評論だし、関義の回想も誰も知らない時期の中原を描いた得がたい証言であった。

ついでながら『現代詩手帖』が一九六二年七月に「中原中也と現代」という特集号を刊行している。内容は次のとおりである。

座談会・中也と現在　中村稔・篠田一士・安東次男・清水康雄
純粋への希求—詩と生の意識　原崎孝
幸福追求のかたち　飯島耕一
空のむこうがわ　菅谷規矩雄

『ユリイカ』の特集に比べ、内容、筆者等が充実しているようにみえる。読みかえしていないので何とも言えないが、内容が充実していても当然である。二番手になることはやさしい。

次に特筆したいことは、私が編集し、一九五九年四月刊行した『中原中也研究』である。これには大岡信・黒田三郎・花木正和・中村稔・篠田一士・安東次男の中原論を収めていた。それまでの中原に関する評論・研究・随想・回想等が、大岡さんをはじめとして、小林秀雄・河上徹太郎・安原喜弘など、中原の生前、彼と面識のあった人々によって書かれていたのに対し、同書の筆者はすべて中原の生前に面識を得ていない、作品だけから中原を知った人々であった。しかも、中には篠田一士「傍役の詩人中原中也――大岡昇平『朝の歌』をめぐって」のような中原否定論もふくんでいた。筆者はすべて三〇歳前後であった。

『中原中也研究』については大岡さんが『ユリイカ』一九五九年八月号に書評を寄せている。その冒頭は次のとおりである。

「とにかく感慨無量である。編者中村稔氏の後記にある通り、われわれのように生前の中原中也を知っていた者とは違い、戦後中原を日本文学の一遺産として受取った若い世代の文章を集めたものである。こういう本が出ることは、中原の生前はもちろん、或いは戦後私が創元選書版「中原中也詩集」を編んだ時も、まったく考えられなかったことであった」。

結びも引用しておく。

「「研究」に集められた諸氏の論文に、彼の人間について、思いがけない適切な指摘を見て、驚くことが多い。

篠田氏の「傍役の詩人」は、僕自身の伝記の試み「朝の歌」に対する書評で、細部については、反駁は別に書いたが、「中原中也研究」の中に収まったのを見ると、特別の意義があるのは否定出来ない。黒田氏の珍しい論文を収録したことと共に、編者中村稔氏の組織的才能をたたえたい」。

右の文章を書き写しながら、私は大岡さんが「伊達は原稿を送っても受取もよこさない」とこぼしておいでになったのを思いだす。伊達にはそういう編集者としての要件である几帳面さに欠けたところがあったようである。それよりも、この『中原中也研究』刊行の意義は、中原の生前、彼と面識のあった人々から中原を解放し、私たちの世代やそれ以下の若い人々に中原を論じる気概を与えたことにあると私は考える。この本の企画は、あるいは私の発意によるかもしれないが、それにしても、伊達と私、さらに原口をつないでいた中原中也をつうじての絆を思わざるをえない。伊達がやらなくても、中原中也は現状のようにひろくふかく論じられたであろう。しかし、先鞭をつけることは誰もができることではない。そう考えて、私はまた彼への親密な友情を新たにする。

*

この文章で私は伊達の伝記を書くつもりはない。彼の人柄、人格を書きとどめておきたいと考えている。そうはいっても書肆ユリイカの活動の場となった、いわゆる昭森社ビル二階に机一つの事務所をもつようになった経緯だけはふれておかなければならない。といって、情報源は『文化の仕掛人』所収の関根弘の「書肆ユリイカ」と一九七〇年五月刊の『本の手帖』別冊「森谷均追悼文集」所収の瀬木慎一「寒山拾得」の二つ、それに生前の瀬木から口頭で教えられた若干だけにすぎない。『列島』の一九五四年五月刊の第八号(三、五月合併号)の編集後記に関根は次のとおり書いた。

「「編集部はいま手不足で、いろいろ企画をもっていても実行できないことが多い。それで編集部の仕事を手伝っていただける方がいたら連絡していただきたい。だいたい毎日、手伝っていただけるような条件の人がいたらいちばん良いわけだ。『列島』は若い世代を中心とする雑誌だ。僕達だけの力でなんとか守っていかなければならない。発行が遅れた原因は経済的な問題だけでなかった。」

これを読んで、わたしが手伝いましょうと名乗りを上げてきたのが伊達得夫である。伊達得夫が上落合にある書肆ユリイカの主人であることはよく承知していた」。

右の記述に先立って、関根は『列島』が一九五二年三月に創刊されたこと、はじめの発行元は山本茂が主宰の葦会であったこと、関根が編集した第二号が、葦会の路線からはずれていたことから葦会から飛び出し、神田神保町一の三、昭森社のなかの机一つを借りることになったことなどを記している。

「『列島』を手伝うといって、神田に出てきた伊達得夫は、わたしたちにとってちっとも助けにはならなかった。はじめは、ちょこちょこと通信事務をみてくれたが、それだけだった。相変わらずわたしたち、木原啓允、木島始、瀬木慎一、それにわたしの四人が、随時、月千円で借りた昭森社の机に出かけていき、通信事務を整理、編集割付はわたしが家に持ち帰り、配本は木原啓允、配送は全員でやるというこれまでの体制に変わりなかった。伊達得夫は、ユリイカの仕事に専心していた。これをみていて、森谷均が、「伊達くんはズルイ！」と評したことがある。わたしもそう思ったが、タダで働いて貰うことのむつかしさをこちらも承知していた。監督して働かせるというわけにもいかない」。

「こういうのを何というか。廂を貸して母屋をとられるというか。奉公人に店舗をとられたようなものであろう。しかし、わたしたちは、伊達得夫に出ていけとはいわなかった。

奇妙な同居生活がはじまった。これが神保町におけるユリイカのはじまりである」。

何故、関根弘ら『列島』同人たちが「出ていけ」と言わなかったのか不審だが、関根の文章はさらに次のように続く。

「森谷均の亡くなったあと、昭森社を引きついだ大村達子の記憶によれば、ある日、ユリイカ宛の返本がどっと来て、伊達得夫がわたしたち「列島」の机を連絡所以上のものに使っていることがわかり、森谷均を激怒させたということである。事務所に使うなら使うで、ひとこと挨拶すべきだ。わたしは忘れていたが、そこで瀬木慎一やわたしが仲に入り、近くの飲み屋でイッパイやって、伊達得夫もなにがしかの借り賃を払うことにして話がついたということである。こうして神田のユリイカは認知されたのだ」。

廂を貸して母屋をとられた関根、瀬木らが伊達と森谷の間をとりもち、仲に入って、伊達が森谷から机一つを借りる権利を認知させせた、というのも常識からみれば不可解きわまりない。私自身は森谷、関根、瀬木といった人々を熟知し、彼らの人柄を親しく知っているので、こうした人間関係に懐旧の念を覚えるのだが、不可解なことに変りはない。

瀬木の「寒山拾得」によれば、『列島』は「一九五五年三月まで引きつづき刊行できたというのは、ひとえに森谷さんのお蔭だった」ということであり、『列島』が森谷から

蒙っていた恩義とは
「第一に、事務所費を一銭も払わず、しかも什器類も、前からあったものをそのまま借用した。

第二に、ひんぱんに掛ける電話の料金を、これまた一銭も払わない。

第三に、雑誌のレイアウトをはじめ、いろいろなことを無償でやってもらう。

第四に、印刷所が怒ってくると、撃退したりなだめすかしたりすることを、一手に引き受けてもらう。

第五に、夜、事務所で一杯やるときや、外へ飲みに行くときも、しばしば、勘定をもってもらう。

第六に……もうきりがないので、この辺でやめるが、ともかく、こんなふうに、ほとんどすべてを、森谷さんにおんぶして、「列島」はやってきた。

森谷さんの本好きと若いもの好きに、ぬけぬけとつけこんで、「列島」はやってきたといえる。その後、いささか気がひけて、月額金一千円也を支払うことにしたが、それにしても一切合財で、わずか金一千円也である。あとは、同人のだれかに原稿料が入ると一こん献上するくらいが関の山だった」。

つまり、関根弘はじめ『列島』の人々は自分たち自身が森谷の好意で机を使わせてもらっているのだから、大家面して伊達に出ていけとは言えなかったのであり、彼らが頼んで伊達を手伝いとして昭森社ビルに来てもらうことにした手前、伊達が書肆ユリイカの仕事をしていることを森谷が知って激怒したさいも、仲に入ってとりなさざるをえなかったわけである。もし『列島』が正当に森谷均に賃料を払っていたところ、手伝いを求め、伊達が手伝うと称して書肆ユリイカの仕事をしていたのであれば、森谷も関根らも伊達を追い出したにちがいない。私は書肆ユリイカによる『ユリイカ版・エチュード』の出版が道義的にも法律的にも危いものであったと記した。書肆ユリイカの神保町の昭森社ビル進出もまた危いものであった。いわば『列島』の人々の弱味に救われたのである。野球でいえば、相手チームの失策により出塁できた、といった状況に似ている。なお、瀬木の記憶によれば、伊達は『列島』を二、三冊編集したという。その点で関根の記述は正確でない。

『ユリイカ版・エチュード』の刊行といい、昭森社ビルへの進出といい、伊達がまことにしたたかであったことは否定できない。ただ、最終的に、何ら咎められることなく、無事に落着したのが、敵失があるにせよ、無愛想だが、徒らに自らをかざることのない誠実な伊達の人柄に著作家組合の方々も、関根、瀬木らも感銘をうけたからではないか、と私は想像する。たとえば、関根弘の文章も瀬木慎一の文章も客観的に事実を叙述しても、伊達の人格について非難していない。一方、昭森社ビルに進出していなかったなら、伊達の詩人、評論家その他の人々との交流もよほど限られたものとなり、書肆ユリイカが伝説的詩書出版社となることはありえなかったであろう。

『ユリイカ抄』の「詩人のいる風景」中の「階段」と題する一章で伊達は

「神田の露地裏。両側を喫茶店にはさまれたガラス戸。あけると急角度の階段が二階に通じている。そこにある、いくぶん床が北側に傾斜した一室がぼくの――いやぼくたち極小出版屋の共同オフィスだ。一室に三社、ひしめき合って机を並べている。そして夕暮になると、別に何の理由もなしに、その三社が部屋で、しばしばワリカンの酒宴をひらくのだが――そんなある日のことだ」。

と伊達は昭森社ビルといわれる木造二階建ての建物の二階の机一つの彼のオフィスを描いており、また、同じ「詩人のいる風景」中の「喫茶店・ラドリオ」の章では

「神田でただ一つ、舗装されていない道路がある。神田神保町ともなれば、倉庫と豆腐屋しかない小路でもちゃんと舗装されているのだ。なのに、その露地だけは忘れられている。区役所の土地台帳から落ちているのかも知れぬ。そしてこの露地を忘れているのは区

役所だけではない。太陽もまた、この露地を忘れて地球をめぐる」。と昭森社ビルの面した露地を描いている。伊達が危い橋を渡って進出した昭森社ビル二階のオフィスはそういう位置にあった。

*

書肆ユリイカ、伊達得夫の戦後詩に対する貢献としては、谷川俊太郎を別として、『荒地』『列島』以後の戦後詩を代表する詩人たち、大岡信・吉岡実・飯島耕一・那珂太郎・清岡卓行らを送りだした事実があげられる。ただし『列島』についていえば、事実上『列島』が活動を止めて以後、関根弘・木島始らにその作品や意見の発表の場を提供したし、もし安東次男を『列島』の一人としてあげるなら、安東についても同様である。谷川俊太郎は書肆ユリイカから出発した詩人ではないけれども、谷川にも活動の場を提供したことは、詩誌『ユリイカ』創刊号に谷川の重大な評論「世界へ！」をその巻頭に掲載していることからも明らかであろう。鮎川信夫・田村隆一・北村太郎といった『荒地』同人たちは、私の記憶する限り、『荒地詩集』（年刊）と『荒地』同人の木原孝一が嵯峨信之と編集していた『詩学』を主とした活動の場としていたし、ことに伊達の没後、小田久郎の『現代詩手帖』も彼らの活動の場となったと思われるが、彼らを除けば、書肆ユリイカないし『ユリイカ』はひろく戦後詩人たちに開かれた活動の場であった。

さて、書肆ユリイカがはじめて刊行した詩集は福田正次郎（那珂太郎）『ETUDES』（一九五〇年五月刊）であり、これが彼の教え子たちによって売り切れたことはすでに記した。次が『中村真一郎詩集』（同年九月刊）だが、同書については『ユリイカ抄』の「ふりだしの日々」中の「首吊り男」の章に、那珂太郎が

「中村真一郎のところに詩集持って行ったらな、おれもこんな詩集作りたいから頼んでくれって言ってたぜ」

と聞き、当時大森に住んでいた中村真一郎さんを訪ねた上で、この詩集を出版したことを記し、

『『中村真一郎詩集』と前後してぼくは中村稔詩集『無言歌』も発行していた。この両中村の詩集はともに好評で新聞や雑誌に書評が現われたが、そのころからぼくは次から次へと詩集の発行を依頼されることになった。自費出版もあったたし、そうでないものもあった。ぼくははじめて世の中には驚嘆すべく詩人の多いことを知った」

と書いている。

右の記述中、那珂太郎詩集『ETUDES』、『中村真一郎詩集』、私の『無言歌』の三冊の詩集を出版して以降、「次から次へと詩集の発行を依頼されることになった」と伊達が書いているのは誤りであり、伊達が次々に詩集刊行の依頼をうけることになったのは、『戦後詩人全集』の刊行以後であることをすでに多くの人が指摘しているし、田中栞の前掲書の「書肆ユリイカ出版総目録」を一瞥すれば判然とする。『戦後詩人全集』の刊行は伊達の出版者としての生涯における画期的な事業であり、戦後詩史における記念碑的事業であった。『戦後詩人全集』については後に記すこととし、文中の「自費出版もあったし、そうでないものもあった」という一節が私にとって気がかりである。たとえば『中村真一郎詩集』についても中村真一郎さんの自費出版であったとは書いていない。真一郎さんは書籍を購入するための出費はまったく気にしない方であったが、自費負担で詩集を刊行しようとまでは考えてはいなかったのではないか。私の『無言歌』について、私と伊達の間で清算しなかったので若干不確かだが、伊達が損失を蒙った可能性が高いことはすでに記した。また、岸田衿子さんの絵とくみあわせた私の第二詩集『樹』は五〇部製作、「たぶん二十部かそこらを渋谷の中村書店に売って伊達は製作原価をとった。たしか私と衿子さんは五部ずつ貰った。残りの二十部かそこらを売って伊達は儲けにした。中村書店は年月をかけ、二千円、三千円といった値をつけて売ったのであろう」と私は『私の昭和史・戦後篇』に書いているが、はたして伊達が期待したような値段で中村書店が買いとってくれたか、どうか、私は疑問をもっている。『樹』の刊行についても私は伊達に迷惑をかけているのではないか。伊達はまったく愚痴を言わなかっただけに、私としては負い目を感じざるをえない。

私自身はともかく、伊達の言によれば、自費出版でない詩集の出版も依頼されたという。「書肆ユリイカ出版総目録」によれば、後に評価された詩集が多いとはいえ、ほとんどが当時は無名の詩人の第一詩集であった。それらを自費出版でなく、書肆ユリイカのリスクで出版したとすれば、損失は確実といってよい。自費出版といっても、全費用前払というう自費出版は稀なのではないか。経費と若干の利益をのせた金額の半額を着手金としてうけとり、残額を詩集が刊行されたときに支払ってもらう、といった方法が合理的と思われるが、この残額を著者が支払ってくれなかったらどうなるか。でき上った詩集は著者に引渡さずに在庫しておくこともできないだろうから、著者に詩集を引渡した上で、残額の支払交渉をすることになるだろう。伊達が紙店・印刷所・製本屋等に支払を延期してくれるよう泣きついたのと同様、著者は何のかのと理由を言って、支払を遅延し、最終的には伊達は取立てることができず、泣き寝入りしたかもしれない。伊達は相手の立場を思いやったかもしれない。そうでなくても執拗に強持てするような取立てができる性格ではなかった。やさしい心の持主であった。私は自費出版でもそうでないものでも、伊達は商売人としての詩集出版者としての資質に欠けていたのではないか、と感じる。だからこそ、詩書出版者として伝説的存在になったのではないか。

（三）『戦後詩人全集』と詩誌『ユリイカ』

すでに前章で記したとおり、伊達は寡黙な人であった。口数が少なかった。福田正次郎（那珂太郎）詩集が出版されるまで、そういう親友がいることを聞いたことはなかった。私は『戦後詩人全集』の成功は那珂太郎の助言に負うところ多いと信じている。私は詩の賞の選考会で那珂太郎と同席したことが何回かある。その都度、彼が無名の詩人の詩集をじつに丹念に、丁寧に読んだ上で選考会に臨んでいることに驚嘆した憶えがある。『戦後詩人全集』の成功とは、ほとんど知られていなかった詩人たち、一冊の詩集も出版していなかった大岡信、一冊の詩集『他人の空』しか出版していなかった飯島耕一らを選んで世に送りだした先見性と公平な批評眼によると思われる。

『戦後詩人全集』は一九五四（昭和二九）年九月刊行の第一巻から一九五五年五月刊行

の第五巻までの全五巻から成り、これらに収められた詩人たちは次のとおりである。

第一巻　中村稔、大岡信、山本太郎、谷川俊太郎、那珂太郎、新藤千恵
第二巻　藤島宇内、中村真一郎、和泉克雄、沢村光博、長島三芳、祝算之介
第三巻　三好豊一郎、黒田三郎、木原孝一、高橋宗近、高野喜久雄
第四巻　野間宏、安東次男、平林敏彦、飯島耕一、礒永秀雄、河邨文一郎
第五巻　関根弘、清岡卓行、木島始、許南麒、長谷川竜生、峠三吉

ここでことわっておけば、第二巻所収の詩人たちは、一九一九年生まれの和泉克雄をはじめ、一九一〇年代末から一九二〇年代の初めに生まれた人たち、中村真一郎さんのような作家、藤島宇内のような、その後間もなく詩作を止めた詩人たちの作品から成り、これらの人たちは戦前の詩人たちと戦後詩人のはざまにいた人たちである。そこで、先見性や公平性を比較するためには、彼らを除外した方が戦後詩人たちの間の評価の上で妥当と思われる。このことは詩人というよりは、かつて詩を書いたことのある小説家野間宏についてもあてはまるであろう。

また第三巻については、『荒地詩集』(年刊)を刊行していたため、収録を拒否していた、鮎川信夫、田村隆一は別として、『荒地』の詩人が入らなくては『戦後詩人全集』の体をなさないと苦労していた伊達の立場を思いやった黒田がこの五名の作品を収めることを承諾してもらったという特別の経緯があったことも考慮してよいだろう。

この『戦後詩人全集』の刊行からほぼ一〇年後、一九六九(昭和四四)年から一九七〇年にかけて、新潮社が『日本詩人全集』を、中央公論社が『日本の詩歌』を刊行、他の出版社もこぞって詩集を出版し、詩集のブームというべき現象を生じた。『日本詩人全集』第三四巻『昭和詩集(二)』には次の詩人を収めている。

鳥見迅彦、菅原克己、及川均、会田綱雄、石原吉郎、黒田三郎、安西均、吉岡実、宗左近、安東次男、中桐雅夫、関根弘、新藤千恵、石垣りん、三好豊一郎、那珂太郎、木原孝一、清岡卓行、秋谷豊、北村太郎、田村隆一、谷川雁、生野幸吉、吉本隆明、山本太郎、吉野弘、黒田喜夫、金井直、茨木のり子、中村稔、風山瑕生、粒来哲蔵、長谷川竜生、川崎洋、飯島耕一、渋沢孝輔、大岡信、堀川正美、白石かずこ、安水稔和、入沢康夫、谷川俊太郎、岩田宏、中江俊夫、三木卓、富岡多恵子、天沢退二郎、

吉増剛造、長田弘

『日本の詩歌』第二七巻『現代詩集』に収められているのは次の詩人たちである。

津村信夫、伊藤整、井上靖、高見順、伊藤桂一、井伏鱒二、木山捷平、大江満雄、嵯峨信之、原民喜、伊藤信吉、阪本越郎、会田綱雄、田村隆一、山崎榮治、鳥見迅彦、及川均、土橋治重、上林猷夫、桜井勝美、天野忠、秋谷豊、小山正孝、福永武彦、中村真一郎、中桐雅夫、三好豊一郎、黒田三郎、吉本隆明、北村太郎、木原孝一、谷川俊太郎、安西均、山本太郎、安東次男、菅原克己、関根弘、長谷川竜生、大岡信、飯島耕一、川崎洋、金井直、吉野弘、石原吉郎、清岡卓行、那珂太郎、中村稔、生野幸吉、入沢康夫、吉岡実、宗左近、谷川雁、黒田喜夫、風山瑕生、中村千尾、高田敏子、茨木のり子、新川和江、三井ふたばこ、新藤千恵、白石かずこ、富岡多恵子、滝口雅子、石垣りん

そこで、これら二種のアンソロジーで『戦後詩人全集』に収められた詩人たちがどう取

り扱われているかをみると、第一巻所収の中村稔・大岡信・山本太郎・谷川俊太郎・那珂太郎・新藤千恵の全員の作品、第三巻の三好豊一郎・黒田三郎・木原孝一、第四巻の安東次男・飯島耕一、第五巻の関根弘・清岡卓行・長谷川竜生の三名の作品がこれら二種のアンソロジーに収められていることが分かる。前記した理由で『戦後詩人全集』全五巻中、第二巻に収められた詩人と第四巻の野間宏を除くと、『戦後詩人全集』中の二二名のうち、一四名が二種のアンソロジーに収められているわけである。ほぼ六割といってよい。一冊しか詩集を出していなかった詩人たち、一冊も詩集を出していなかった大岡信らがこうして一〇年後にも生きのびていた事実は、『戦後詩人全集』の先見性と公平性の証しといってよいであろう。

なお、『戦後詩人全集』に収められなかったが、これらのアンソロジーに収められている、入沢康夫は『戦後詩人全集』第五巻刊行後の一九五五年六月、『倖せそれとも不倖せ・正篇』を書肆ユリイカから、川崎洋は同年九月『はくちょう』を同じく書肆ユリイカから刊行し、第一詩集の刊行が遅れていた大岡信も『記憶と現在』を書肆ユリイカから一九五六年七月に刊行している。つまり、『戦後詩人全集』刊行後に第一詩集を出版、注目された詩人たちは少なくない。とはいえ、『戦後詩人全集』により戦後詩人のアンソロジーをはじめて世に送りだした伊達の功績、ことにその先見性と公平性は高く評価されるべきであると考える。

『私の昭和史・戦後篇』に記したことだが、つけ加えれば、『戦後詩人全集』は各巻三〇〇円、小田久郎によれば各巻五〇〇部刊行したという。『ユリイカ』一九五七年一二月号巻末の「ユリイカの10年」によれば、第一巻から第三巻までは絶版、第四巻、第五巻は在庫がある、とされているので、これらもおそらく売りつくしたであろう。各巻五〇〇部はいかにも少ないが、そういう時代であった。著作権使用料を払わないとはいえ、伊達としては乾坤一擲の勝負に出て、満足すべき結果を得たのであった。伊達は『ユリイカ抄』の「詩人のいる風景」中「黒田三郎のこと」の章で次のとおり書いている。

「その後『戦後詩人全集』は順調に進捗した。この全集によってぼくはその後の年月のすべてを詩書出版という倍率の少ない目に賭けるように決定づけられたのだが、とすれば、それまでも運命の神みたいなものが、例えば中村稔や那珂太郎や安東次男の顔をもって、ルーレットに向うぼくの尻をおしたように、そのときは黒田三郎のマスクをつけて、ぼくの尻をひっぱたいたのかも知れなかった」。

黒田に感謝しているのは彼の好意によって『戦後詩人全集』第三巻の「荒地」篇がとも

かく編集されたことによる。

＊

以下は『私の昭和史』戦後篇中の記述であるが、重複を避けるために『ユリイカ』連載では記さなかった文章である。しかし、『戦後詩人全集』の評価に関する私見であるので、是非、あわせてお読みいただきたいと考え、再録する。

『戦後詩人全集』の装本について、小田久郎は『戦後詩壇私史』中、次のとおり批評している。

「表紙の小口の上に串田孫一が書いた蜂や兜虫、蟷螂や蝶などのカットが一巻ごとに銀箔で押されている。この小味なアクセントには、いかにも繊細な伊達らしいセンスが光っている。表紙の資材は当時、竹尾洋紙店が特殊製紙と共同で開発したばかりの新製品「ベルベット」という毛足のある特殊な紙の黄土色を使っている。（中略）肌ざわりといい色具合といい、いかにも伊達好みといいたいところだが、紙は所詮「紙」でしかなく、新製品はやがて旧製品になってしまう。布地のベルベットと競うべくもないのは、模造品の宿命であるだろう。

「どうだ、なかなかいいだろう」と得意顔の伊達に、私はこのときばかりは少し首をかしげたことをいまでも覚えている。しかし色具合や、函のデザインとカラーボードの黄土色との配合はさすがで、のちに出した『現代詩全集』の古典的なたたずまいよりは、遥かに個性的であり、前衛的でもあった。いまでもふっとイメージに泛ぶ割合いは、『戦後詩人全集』のほうが多く、かつ鮮明だ。函に使われたピカソの角笛を吹く牧羊神のカットも、どこかもの悲しく、沁みいるように印象的だった」。

私は小田の右の回想にみられる批判に同意できない。「紙は所詮「紙」でしかなく、新製品はやがて旧製品になってしまう」といい、「模造品の宿命」といって非難しているが、小田の見方はこの「ベルベット」を模造品という先入観に支配されている。はじめから「紙」としてみれば、この表紙の資材はいまでも古びているわけではない。「函に使われたピカソの角笛を吹く牧羊神のカットも、どこかもの悲しく、沁みいるように印象的だった」と小田はいう。ピカソの絵をカットに使用したのは、きっと無断使用、違法だったにちがいないが、「どこかもの悲しく」というのは小田の思い込みだろう。新時代を告げる角笛を高らかに吹いている、とみることも不可能ではない。私は、もの悲しいかどうかよりも、読者にとって印象的であるかどうか、によってカット使用の是非を評価すべきだ、と考える。

さて、内容だが、小田の批評（というよりは批判）をまず次に紹介する。

「一、二巻は那珂太郎の、三巻は黒田三郎の、四、五巻は当時左翼の陣営にいた伊達が信頼している詩人の助言があったときく。長谷川郁夫の著書を援用すれば、「なにより特異なのは、その編集内容だった。収録された二十八人の詩人のなかには、まだ一冊の詩集しかもっていない中村稔や那珂太郎、前年『他人の空』をだしたばかりの無名の青年飯島耕一、なんとまだ一冊の詩集ももたない大岡信がいる。そして各巻の解説を村野四郎、金子光晴、壺井繁治ら前世紀の詩人に依頼した。無謀な企画だった。しかしそれだけにその斬新さはいっそうスリリングに感じられる。それは、過去の決算ではなく、未知の見取図といえた」と、とりあえずはいっていいかもしれない。

だが、待てよ、待てよ、なのである。当時の詩壇が過渡的で、まだ見通しがききにくい時期だっただけに、いまからみるとこの人選に疑問がないわけではない。

第三巻の「荒地」の巻に、鮎川信夫、田村隆一、北村太郎、中桐雅夫がはいっていないのは、彼らがすでに『荒地詩集』などで印税をもらう立場にあって、いまさら印税のないアンソロジーに加わることをこころよしとしないプライドがあったからである。それほど書肆ユリイカの存在は、まだ軽く見られていたわけだ。

試みに『戦後詩人全集』が完結した翌年の六月に出た「詩学」の別冊「現代詩・戦後十年」の「戦後代表作品」のメンバー（中略）とを比較してみると、なお重要な詩人がかなり落ちているのに気づく。

つけ加えれば、各巻の解説に既成の詩人をもってきたのはどういう意図だったのか、旧詩壇を意識することの少なかった伊達だけに、実に奇異な感じがする。これは既成詩人に権威を感じていたためか、毎日顔をあわせていたときに訊いておけばよかったことのひとつである。

さらにもうひとつ、この『戦後詩人全集』の刊行が「戦後詩」という地点から眺望した場合、時期尚早だったのではないか、ということを指摘しておきたい」。

こう記して、小田は「吉本隆明のいちばん早い詩史論が登場したのは一九五四年になってからだ」といい、五四年の後半から五五年にかけて、天野忠、生野幸吉、谷川雁、入沢康夫、吉岡実、川崎洋、茨木のり子、安西均、辻井喬などの「戦後の詩を代表する詩人の詩集がぞくぞくと刊行されたのを見ても判る」という。

まず、小田久郎の記述についていえば、一冊の詩集も出していなかったのに『戦後詩人全集』に収められたのは大岡信だけではない。第一巻の新藤千恵、第五巻の清岡卓行、長谷川竜生もまだ詩集を刊行していなかった。刊行準備中であったが、山本太郎の『歩行者の祈りの歌』が刊行されたのは昭和二九年一一月だから、山本が収められる『戦後詩人全集』第一巻が同年九月に刊行された時点では、山本もまだ一冊の詩集も出していなかった。木原孝一も高橋宗近も高野喜久雄も『荒地詩集』（年間）にその作品が収められてはいたが、個人詩集は刊行されていなかった。一冊しか詩集を出していなかったのは、那珂太郎、飯島、私だけではない。中村真一郎も、三好豊一郎も、木原孝一も関根弘も木島始も、まだ一冊しか詩集を刊行していなかった。つまり、『戦後詩人全集』に収められた詩人たちのほぼ半数はまだ詩集を出していないか、一冊しか出していなかったのである。二冊、三冊の詩集を出していた詩人もふくまれているけれども、彼らといえども評価が定まっていたわけではない。いわば評価の定まっていない詩人たちの作品を集めて『戦後詩人全集』を刊行することが、実績も乏しければ、財政的基礎も脆弱な小出版社にとって、どれほどの大きな危険をともなう冒険であったか。私は、自分の作品を収めると聞いたので、無責任に伊達をけしかけたような趣旨の文章を発表したことがあるが、それは半分の真実であって、残りの半分では、私は、『他人の空』を読んで、戦後の新しい時代の詩の到来を確信したのだった。採算がとれるかどうかは私には予測できるはずもなかったが、戦後の詩人たちの作品を展望したいと感じている読者は、私だけではあるまいと感じていた。私は匿名で発表していた『詩学』昭和二九年二月号の「詩壇時評」中、木島始、山本太郎、大岡信、清岡卓行、飯島耕一についてふれ、「正しく現代詩を収めるアンソロジーが出ることはできないか、と僕が考えるのは、無謀であろうか。こゝにこれまで名をあげた人々以外にも、僕は、安東次男、谷川俊太郎、関根弘、また荒地の詩人たちなどを思いつくまゝにあげることができる。もし、エコールにこだわることがなければ、十五人程度をえらぶことができよう。各自にある程度の頁数を与えても、三冊ほどのものにはできるだろう。全集流行の波にのれば、決してひきあわぬ企画ではあるまい」と書いている。匿名時評の性質上、この文章の筆者が私であることを伊達は知らなかったはずである。私は『戦後詩人全集』の刊行は無謀でない、と信じていた。この匿名の「詩壇時評」も伊達の決意の励ましになったかもしれない。

小田久郎の見方は概して公平だが、『戦後詩壇私史』中の『戦後詩人全集』に対する彼の評価は公平とは思われない。小田は「当時の詩壇が過渡的で、まだ見通しがききにくい時期だっただけに、いまからみるとこの人選に疑問がないわけではない」という。ある時代が過渡期であったかどうかは、その時代が過ぎてみなければ分からない。こうしたアンソロジーの人選に問題があるのは、過渡期であろうとなかろうと、当然である。誰がみても公平な人選などというものはありえない。思潮社が刊行している『現代詩文庫』は長い年月の間、逐次、評価の定まった詩人たちの詩選集を刊行しているのだから、公平な人選が容易であって当然だが、私見では、どうしてこの詩人が入っているのかと感じることも多く、総花的であって、しかも小田久郎の好みが反映している。人選を批判するのはまことにやさしい。

各巻の解説に「既成の詩人をもってきた」と小田はいうが、通常、文学作品は、まず前時代の人々に評価されて、発表の場を与えられ、同時代の人々の共感を得て、生きている間は発表の場をもち続け、後の世代に評価されてはじめて作品が残るのであって、死ねば大方の詩人が忘れ去られると同様、既成の詩人たちに評価を依頼することは必ずしもふしぎではない。逆にいえば、同時代の詩を客観的に評価できるような評論家もまだ育ってはいなかったことも、「吉本隆明のいちばん早い詩史論が登場したのは一九五四年になってからだ」と小田自身が書いているのだから、事情は充分承知のはずである。

これはまた、「時期尚早」だったという小田の非難にも関係するかもしれないのだが、『戦後詩人全集』の刊行後、一、二年の間にどんな詩人が登場するか、予測できる者はいない。

小田久郎の批判ないし非難は、私には、後になってからの「ないものねだり」にひとしいとしか思われない。私は『戦後詩人全集』に収められた詩人たちの中の六、七割が収められるにふさわしかったとすれば、一応の合格点に達していたとみるべきではないかと考えている。この種のアンソロジーに一〇〇点満点はおろか、九〇点の納得を大方から得ることはきわめて難しいのではないか。

鮎川信夫、田村隆一ら『荒地』の詩人たちが参加しなかった理由を、小田は、彼らが『荒地詩集』などで印税をもらう立場にあった、といい、それほど書肆ユリイカはまだ軽く見られていた、という。書肆ユリイカには出版社としての実績らしい実績がないことは前述したとおりだが、鮎川、田村らが参加を断ったのは印税がその理由だったのだろうか。『荒地』グループは年刊詩集の第一集を昭和二六年に、第二集を翌二七年に、第三集を二八年に、第四集を昭和二九年に刊行している。その後は昭和三三年刊の第八集まで続いているが、昭和二八年には『詩と詩論』第一集を、昭和二九年にはその第二集を出版している。『荒地』の年刊詩集第一集は早川書房から、第二集以降は荒地出版社から刊行されている。だから、『戦後詩人全集』の一巻を『荒地』の詩人たちにあてれば、当然『荒地』の年刊詩集と衝突するわけだから、鮎川、田村らの立場からすれば、『戦後詩人全集』への参加は承諾できる余地はなかったのである。伊達得夫は第三巻に「荒地グループ」の三好豊一郎、黒田三郎、高橋宗近、木原孝一、高野喜久雄が参加するようになった経緯を『詩人たち　ユリイカ抄』中「黒田三郎のこと」の項で記している。当時、黒田は昭森社から彼の第一詩集『ひとりの女に』が刊行され、彼は「トランプのカードのようなあるいは香水のレッテルのような美しい本」にせっせと署名しながら「こんなもの誰も読んじゃくれないよな」とつぶやいていた、と伊達は記し、黒田は伊達に紹介されると「すぐ自分の方から言った。「荒地は荒地詩集ってのを自分たちで作ってるものだから、何となくこだわってるんだな。ぼくが話してあげますよ」ほんとうに彼は話をつけてくれた」と書いている。私からみると、黒田が「話をつけてくれた」ことはほとんど奇蹟にひとしい。じつは、私自身が黒田が『ひとりの女に』献呈の署名をしていた光景に立ち会っているし、黒田の親切な申出もじかに聞いている。そのときが私の黒田との初対面だったが、穏やかで物静かな好青年であった。彼の死後になって、彼の酒癖について記した追悼文をいくつか目にしたが、私には黒田の酔態など想像できない。彼の詩はその人柄のようにやさしく、しかし、戦後的な心情の屈折を秘めている。私は久しく現代詩人会の会員だが、黒田が会長だった当時、入会を誘われて入会し、退会するほどの理由もないので、会員としてとどまっている。私からみれば、「話をつける」ために口をきくこと自体がかなりに非常識であり、黒田は非常識なほどに伊達に親切であった。

だから、小田久郎の批判ないし非難に私は同意できない。むしろ『戦後詩人全集』刊行の意義を評価したい。いわばほとんど無名に近い詩人たちばかりのアンソロジー六巻の売上が採算がとれるだろうと期待できると誰が予測できたか。これほどの冒険に書肆ユリイカがどうして踏みきることができたか。私は、『戦後詩人全集』の刊行によって、確実に現代詩の世界における世代交替がその足場をつくったのだ、と考えている。戦前の詩人で戦後まで執筆活動が続けられたのは、金子光晴、草野心平、三好達治、高村光太郎ら数えるほどしかいない。丸山薫も神保光太郎も、あるいは北川冬彦、春山行夫らも、戦後はほとんど業績らしい業績を残していない。歌壇、俳壇の結社の主宰者が、戦争中の行動を棚上げにして、戦後も実力を保ち続けたのと比べ、現代詩の世界は、戦後派詩人に開かれていた。その扉を開くのに、『戦後詩人全集』は大きな役割を果した、と私は考えている。

＊

伊達が手がけた、次の大きな仕事として、私は『現代詩全集』をあげたい。田中栞が指摘していることだが、『現代詩全集』第一巻の刊行日は明示されていない。一応一九五九年三月に刊行されたとし、最終の第六巻が刊行されたのは一九六〇年（奥付は一六九〇と誤植している）三月である。編集委員として鮎川信夫・関根弘・木原孝一・山本太郎・清岡卓行・大岡信の六名が名を連ねている。各巻に収録された詩人の氏名を次に示す。

第一巻　西脇順三郎、金子光晴、壺井繁治、北川冬彦、三好達治、岡崎清一郎、高橋新吉、村野四郎、北園克衛、草野心平、小野十三郎

第二巻　嵯峨信之、安藤一郎、桜井勝美、土橋治重、鳥見迅彦、菅原克己、及川均、会田綱雄、佐川英三、長島三芳、三好豊一郎

第三巻　黒田三郎、安西均、吉岡実、安東次男、滝口雅子、中桐雅夫、中島可一郎、関根弘、衣更着信、鮎川信夫、北村太郎、田村隆一

第四巻　浜田知章、沢村光博、那珂太郎、秋谷豊、木原孝一、清岡卓行、谷川雁、井

上俊夫、平林敏彦、生野幸吉、吉本隆明
第五巻　山本太郎、鎌田喜八、田村正也、吉野弘、茨木のり子、中村稔、黒田喜夫、高野喜久雄、粒来哲蔵、木島始、長谷川竜生、岸田衿子
第六巻　川崎洋、飯島耕一、堀川正美、大岡信、安水稔和、谷川俊太郎、岩田宏、嶋岡晨、城侑、中江俊夫、石川逸子

『現代詩全集』はいわば『戦後詩人全集』の二番煎じだし、編集委員も収録された詩人たちも総花的であり、よくいえば無難である。私としては伊達の仕事として特筆すべきものではないと考えるが、戦前詩人を第一巻に押しこめ、私の理解する戦前、戦後のはざまの詩人たちのほとんどを第二巻に収め、第三巻ないし第六巻に収めた五〇名近い詩人たちをすべて戦後詩人たちにあてて『現代詩全集』と称したことに、書肆ユリイカが戦後詩の重要な担い手であったことが示されているといってよいかもしれない。

人選についていえば、第三巻の詩人一二名中、黒田三郎、安西均、吉岡実、安東次男、中桐雅夫、関根弘、北村太郎、田村隆一の八名が新潮社版および中央公論社版の二種のアンソロジーに収められており、これら二種のアンソロジーには、どういうわけか鮎川信夫

が収められていないが、鮎川は当然収められるべき詩人だから、鮎川を加えれば九名が二種のアンソロジーに収められているわけである。

第四巻についていえば、一一名中、那珂太郎、秋谷豊、木原孝一、清岡卓行、谷川雁、生野幸吉、吉本隆明の七名が二種のアンソロジーに収められている。

第五巻についていえば、一二名中、山本太郎、吉野弘、茨木のり子、中村稔、黒田喜夫、長谷川竜生の六名が二種のアンソロジーに収められている。

第六巻については、一一名中、川崎洋、飯島耕一、大岡信、谷川俊太郎の四名が二種のアンソロジーに収められている。

これら二種のアンソロジーに収められた詩人数は『現代詩全集』収録の人々よりはるかに少ないので、右の数字は『現代詩全集』の人選の公平性を示している。そこでは六名の編集委員によるひろい眼くばりによって、『戦後詩人全集』のかなりに独善的で数少ない人選よりも、ひろく才能ある戦後詩人を世に送りだしたという評価もできるだろう。

＊

ここでまた『私の昭和史』戦後篇中の記述を再録する。

小田久郎は『現代詩全集』について、『戦後詩壇私史』中、次のとおり評している。
「伊達は『戦後詩人全集』のあとに、『現代詩全集』を出したが、私はこれは企画としては後退していると思った。『戦後詩人全集』のときのような未知のものに賭ける冒険がなく、人選は総花的で既知の評価による既成の詩人ばかり、それに一人当りの頁数も少なかった」。

私は小田のこうした批評に同意できない。『ユリイカ』昭和三四年三月号の編集後記に「この三月から「現代詩全集」全六巻を発行することになりました。この全集の特色は、すべての作品が戦後のものに限られていることです。六十代から二十代に到る詩人たちが、戦後の厳しい社会を生きぬいて来たその決算書であると同時に、変革と模索と発展とを体験したこの現代詩十五年の完全なパノラマであります」と書かれている。たぶん伊達は『戦後詩人全集』を完売した後、いわゆる柳の下の二匹目の泥鰌を狙ったのであろう。だが、鮎川信夫、田村隆一等を収録できなかったこと等の『戦後詩人全集』の不備を補う、戦後詩を展望するアンソロジーを刊行したい、という思いもあったにちがいない。未知のものに賭ける冒険がなく、既知の評価による既成の詩人ばかりの総花的編集、と小田はいうけれども、第一巻の詩人たちが戦前に評価されていたことを別とすれば、第二巻以降に収められた詩人たちがすべて「既知の評価による既成の詩人ばかり」であるか。むしろ、第二巻以降第六巻までに収められた大部分の詩人について評価は定まっていなかったのではないか。吉本が「戦後詩史」を執筆していること、木原、山本、大岡、鮎川、清岡、関根が解説を執筆していることからみて、人選はこれら六名の共同編集者が行ったのではないか。それでも、目についたところだけでも、入沢康夫、辻井喬、宗左近、吉原幸子、新川和江、白石かずこらが洩れている。収録された人数は多いが、「総花的」とはいえない。私はむしろ、戦前の既成詩人たちを第一巻の一一人に限り、第二巻以降を戦後詩人にあてたことに、戦後の詩一五年のパノラマを示そうとした伊達の冒険をみるべきではないか、と考える。いまからみて、どうかと思う詩人が収められ、当然収められるべき右記の詩人たちが脱落しているのは前記六名の編集者の見解によるはずだから、伊達が批判されるべきいわれはない。

もっとも重大なことは六九人の詩人の圧倒的多数が戦後詩人であったことであり、小田の眼には「既知の評価による既成の詩人」と映っていても、一般的には彼らのほとんどは「未知」であり、伊達はここでも未知のものに賭けたのである。

＊

書肆ユリイカ、伊達得夫はまた戦後詩を代表する多くの卓越した詩集を出版した。田中栞の前掲書の「書肆ユリイカ出版総目録」から若干を摘記すれば次のとおりである。

一九五四年一一月　山本太郎『歩行者の祈りの唄』
一九五五年三月　岸田衿子『忘れた秋』
　　六月　入沢康夫『倖せそれとも不倖せ・正篇』
　　同月　安東次男『死者の書』
　　九月　川崎洋『はくちょう』
　　一〇月　飯島耕一『わが母音』
　　一二月　辻井喬『不確かな朝』
一九五六年四月　岩田宏『独裁』
　　七月　大岡信『記憶と現在』
一九五七年六月　長谷川竜生『パウロウの鶴』

一九五八年二月　入沢康夫『夏至の火』（第二詩集）
　　　　一一月　吉岡実『僧侶』
一九五九年二月　清岡卓行『氷つた焰』
　　　　一二月　石垣りん『私の前にある鍋とお釜と燃える火と』
　　　　　　　　渋沢孝輔『場面』
　　　　　　　　宗左近『黒眼鏡』

さらに「今日の詩人双書」として

一九五七年三月　『山本太郎詩集』
　　　　八月　『安東次男詩集』
一九五八年一月　『吉本隆明詩集』
　　　　六月　『黒田三郎詩集』
一九五九年八月　『吉岡実詩集』
（一九六〇年一月？）『飯島耕一詩集』

一九六〇年一二月　『大岡信詩集』

これらの戦後詩を主導した詩人たちの詩集、ことに第一詩集を、右に示したような短い期間内に刊行したことは書肆ユリイカ、伊達得夫の誇るに足る金字塔といってよい。

さらに次の「海外の詩人双書」も刊行した。

一九五八年一月　小笠原豊樹訳『プレヴェール詩集』
　　　　　　　　小海永二訳『アンリ・ミショオ詩集』
　　　　八月　藤富保男訳『カミングズ詩集』
　　　　　　　　窪田般弥訳『ルネ・シャール詩集』
一九五九年三月　深田甫訳『ゴットフリート・ベン詩集』
　　　　一一月　木島始訳『ラングストン・ヒューズ詩集』
一九六〇年八月　松浦直巳訳『ディラン・トマス詩集』
　　　　一一月　片瀬博子訳『キャスリン・レイン詩集』

伊達はまた「ユリイカ双書」として、大岡信『現代詩試論』、私の『宮沢賢治』、関根弘の『狼がきた』を一九五五年に刊行している。大岡の著書は最近岩波文庫に収められ、名著の評判が高いようである。『宮沢賢治』は私が伊達から電話をもらい、きみ、あれはいいもんだよ、と昂奮した声で彼が語ったことを思いだす懐しい著書である。関根の著書は野間宏との論争になった、当時として警世的な意味をもつ好著であった。

これらがすべて一九五四年六、七月ころ、伊達が事実上昭森社ビルに移り、同年の『戦後詩人全集』全五巻の刊行にはじまり、一九六〇年八月に大久保の中央病院に入院するまでの実質ほぼ六年という短い期間になしとげた仕事であった。その過労については後に記すが、やはり瞠目すべき偉大な業績にちがいない。

安東次男がもちこみ、伊達に出版してもらった駒井哲郎との詩画集『CALENDRIER』(『からんどりえ』)に一言ふれておく。一九六〇年四月刊のこの詩画集は安東の詩と駒井の銅版画とを一枚の紙に共に印刷した画期的な詩画集である。私は『束の間の幻影—銅版画家駒井哲郎の生涯』でこの詩画集について詳しく記したので、詳細は省略するが、銅版画を活字印刷のある頁に刷りこむばあい、どうしてもその紙を一度水に通して、湿りを与えなければならない。この困難をのりこえたのが駒井・安東であって、おそらく伊達は関与していないと思われるが、安東・駒井の野望は伊達も承知していたであろう。製作原価の面でも問題があったにちがいない。伊達は一方ではそうした冒険にあえて挑む企業家の志と新しい事業を成就しようとする創作者の魂をもっていた。

*

伊達が創刊した雑誌『ユリイカ』にもふれなければならない。

金子光晴、高橋新吉の二名の自伝的作品を除き、すべて戦後詩人の作品によって雑誌を作ったことが『ユリイカ』の特徴の一といってよい。詩は原則長篇詩の労作を掲載することにしたのも伊達の野望だったにちがいない。彼は短歌、俳句と違い、現代詩においても、私が書いていたような一四行詩のような短いものよりも、詩人の思想・感情を十二分に展開した作品を期待した。山本太郎「ゴジラ」などがその例だが、この試みは客観的にみれば失敗であった。

しかし、評論については、創刊号以来の連載評論、安東次男の「近代藝術の表情」をはじめ、吉本隆明が一九五七年二月号に掲載した「鮎川信夫論」、大岡信の「中原中也と歌」(一九五六年一一月号)、「立原道造論」(一九五七年五月号)、「詩人と青春　保田与重郎ノート」（一九五八年八月号―一二月号）、清岡卓行「恋愛詩のメタフィジック」（一九五九年一月号―三月号）など犀利で教示に富んだ評論が次々に発表された。どういう意味でこれらがすぐれているかについては『私の昭和史』に記したので、くりかえすのは差し控えることとする。

篠田一士・丸谷才一・中山公男が一九五八年九月号以降一年間連載した「きのう・きょう・あす」の時評も詩壇に新風を吹きこむものであった。

その他、伊達のさまざまな新鮮で大胆な試みによって『ユリイカ』は注目を集めた。

＊

こうして伊達の業績と生涯を辿っていくと、どうしても私には釈然としない問題が一つあるいは二つ残る。それは『今日』と『鰐』と伊達の関係である。『今日』は平林敏彦・飯島耕一らが一九五四年に創刊した季刊詩誌、編集名義は中島可一郎、平林、入沢康夫と移行、大岡信・岩田宏・清岡卓行・辻井喬・多田智満子・長谷川竜生らが加わり、終刊時の同人は二〇名であったという。伊達は『ユリイカ抄』の「詩人のいる風景」の「吉岡実異聞」の章で

「飯島耕一、清岡卓行、岩田宏、大岡信、それに吉岡実の五人が詩誌「鰐」を創刊したのは九月である。この五人はすべて「今日」の同人であり、その最良の部分であった。ぼくは「今日」の発行者であったが、つづいて「鰐」の発行も引受けることになった。「今日」は既に一年近く休刊されていたし、実際的には消滅していたからである」。

九月とは一九五九年九月である。

私自身は『今日』にも『鰐』にも誘われなかった。ただ、それぞれ一回ずつほどは寄稿した記憶があるが、それだけの関係にとどまり、両誌ともどういう性格の雑誌なのか、両誌の「発行人」伊達がどういう責任を負っていたのか、両誌、ことに『鰐』の同人たちは『鰐』と『ユリイカ』の両誌にその作品を発表することをどう考えていたのか、などが私の疑問である。

『今日』『鰐』はいずれも同人誌であったのか。同人費を徴収し、同人費によりこれらの雑誌を発行したのだろうか。『今日』については旧『詩行動』が母体になったといわれており、そうとすれば同人費を徴収して雑誌発行の経費にあてていたことがありうるだろう。しかし、末期には『櫂』の吉野弘、岸田衿子も加わり、清岡卓行が『今日』は「同世代のサロン」と『現代詩手帖』一九五九年一一月号で評したという。いったい、同人誌とは作品発表の場がない人々が集まり、同人費を出捐して雑誌を発行、彼らの作品の発表の場であることが通常であろう。『今日』の同人たちも『鰐』の同人たちも、『ユリイカ』という作品発表の場を現実に、あるいは、『今日』の同人の一部には潜在的に、もっていたから、そういう意味で同人誌をもつ意味もないし、そのためにことさら同人費を納めたりする必要もない。私には両誌の同人たちが同人費を集めてまで雑誌を発行する必然性がまったく想像できない。

あるいは伊達の『ユリイカ』の注文による詩や評論は『ユリイカ』に寄稿するが、自分たちが真に書きたいことは『今日』『鰐』に発表する、という気持だったのだろうか。彼らはじつは自分たちの書きたいことを書いて『ユリイカ』に発表できたのではないか、と私は考える。

そういう観点から、これら両誌がふつういわれる意味の同人誌であったとは私には思われない。

『ユリイカ』以外に自分たちの自由になる作品発表の場として両誌は刊行されたのではないか。あまりに同人数が多くなって自分たちの自由にならなくなって、また、ずっと休刊しているので、『今日』の人たちは脱退、『鰐』を創刊したのではないか。このばあい、両誌とも伊達を実質的な発行人とした。つまり、両誌発行の経費・労力は伊達が提供したのではないか、という疑念を私はもっている。悪くいえば、彼らは伊達を食い物にしたのではないか、と私は感じている。伊達の側からいえば彼が育てたとはいえ、書肆ユリイカの大切な執筆者群が自分たちが好きなようにできる雑誌を発行したいといったとき、それももっともだと思ったかもしれないとも思い、また彼らを『ユリイカ』にひきとめるためには止むをえない、と諦めたのかもしれない。両雑誌の人々が何故伊達を発行人としたか。あるいは書肆ユリイカにその程度の財政的ゆとりがあると考えたのかもしれない。しかし、伊達を発行人としていなかったら、私がここで疑問を呈示しているようなことはありえなかった（なお、私が関係した『世代』は第一四号から第一七号まで伊達が発行人になっているが、金銭的にも労力的にもまったく伊達に負担はかけていない。たんに名前を借りただけであった）。

＊

昭森社ビルの急な階段を一三段昇ると、左側に扉があった。扉を開けると、ひろい部屋の奥に森谷均が扉に向かい合うように机に向かって腰かけていた。私の記憶では扉を開けて入った、すぐの左側の窓に面して伊達の机があった。伊達の机の周囲には返本が種々山積みになってあふれていた。

森谷均は巨軀、容貌魁偉にみえた。和製バルザックという渾名があったように憶えている。しかし、やさしく俠気のある人であったことは、すでに『列島』の席を伊達が乗っとった経緯のさいに説明したとおりである。私を見かけても、莞爾と微笑を浮かべただけで、歓迎するわけでもなく、嫌な顔をするわけでもなかった。私が伊達の客であることを承知していた。森谷の席で黒田三郎が詩集の打ち合わせをしているのを見かけたことがあった。私がはじめて黒田を知ったのはそんな機会であった。

森谷は『本の手帖』という雑誌を発行していた。その表紙にいつもすこし名の売れた画家に水彩画などを書いてもらっていた。その水彩画ないし油絵を数カ月後に売り払って、『本の手帖』の赤字を埋めるのに使ったり、昭森社ビルの若い人たちと一杯やるのに使った。そういう運命になることを知りながら、森谷のために表紙絵を描いてくれる画家は尽きることがなかった。そういう噂を聞いた憶えがある。森谷はそれだけ顔もひろく、多くの人々から愛されていた。人徳という他ない、他人に好かれる性格の持主であった。戦前の零細出版者の美徳の持主の典型とはこういう人であろう、と私は思っていた。

関根弘と知ったのも、長谷川竜生と知ったのも、吉岡実と知ったのも、この昭森社ビルの机一つの伊達のオフィスであった。伊達は必ず「ラドリオ」に誘った。すでに『ユリイカ抄』中の「喫茶店・ラドリオ」の冒頭を引用した。続きを以下に引用する。

「喫茶店ラドリオは、この露地に沿っている。ラドリオだけではない。ミロンガという店もグレースという店も、やはりこの幅一間、長さ一町ほどの、この露地にある。それぞれのローマ文字の軒燈は異国風な雰囲気をつくっているが、しかし、もはや誰も、その異国風にだまされはしない。

ぼくはラドリオの椅子に毎日三時間くらいは腰をおろしている。ぼくに向い合っている人は、毎日違うのだ。ぼくのオフィスもまたこの露地にあって、そこがあまりにも狭いので、応接室として、ラドリオを利用しないわけにはいかない。そして出版なぞというものは、人と応接するのが最大の仕事だろう。コーヒーを啜り、煙草をふかし、かわりばんこにトイレットに行ったりしながら、ぼくは相手の話を聞いている。相手は殆ど若い詩人たちである。

「大恋愛をしてるんだ」とAがいう。

「恋愛に大小があるのかね」とぼくがいう。「あるんだ。ぼくのが世紀の大恋愛といったようなもんですよ」

けれども、その大恋愛は成功しなかった。「無理しないがいいナ」とぼくは言ったが、やがてかれは致死量の催眠剤を飲んだ。それから一月ほど後、ぼくたちはまたラドリオで対坐していた。「のんだんだ。ところが生きかえっちゃった。くすりなんて、ダメなもんですよ」「いよいよ飲もうとしたときはいい気持でしたねえ。サッパリしちゃって。あんないい気持って無いナ」

Bはいう。「ね、別れ話つけてくれないかな。ほんとに恩に着るよ」「何故さ」「ひどいんだよ。身から出た錆だけどさ。あ、コーヒー代ぼくが出すよ」

CはDはEはFは……。

わざわざ、ぼくの前で逢いびきする者もいる。恋人が来ると、そそくさと立ち上る。そして、翌日、ぼくはその夜の経過を逐一聞かされるのだ。「ホテルを出たら雪なんだ。一めんに真白！　よかったなあ」。

私が安東次男とはじめて会ったのもラドリオであった。そのことを思いだしたのは、コーヒー代をBが払う、といったという挿話が目についたからである。ラドリオのコーヒー代は私の分をいつも伊達が払っていた。そのことを知ると、安東はいささかむっとした表情で、おれはいつも伊達の分も払っている、と言った。安東は伊達にコーヒー代を払わせるような卑しさをもちあわせていない、と威張りたかったのではないか、と思うが、そんなことを言った手前、伊達と私が安東と三人でラドリオで落ち合うとコーヒー代は安東が払うのが習慣となった。

そのことはしばらくおき、「喫茶店・ラドリオ」という文章は、出版者は人と応接するのが最大の仕事だ、というのだから、会話は出版に関することかと思って読み進むと、誰も出版の話などしない。だいたいが若い男性詩人の恋愛に関する身の上相談である。「無理しないがいいナ」など適当に口をさしはさみながら、伊達は親身になって相談にのっている。伊達は思いやりのある人であり、相手の立場に立って物を考えることのできる人であった。だから合いの手を入れながらも、若い詩人の悩みを他人事でなく聞き、相談にのったのであった。

それに伊達は弱い立場の者に対する強烈な同情ないし庇護感情の持主であった。『ユリイカ抄』に「童話」と題して「思いつき先生のこと」「サキコのこと」という二篇の作品と「りんごのお話」という未完の作品が収められている。完結している二篇はいずれも童話というよりは回想というべき、成人向の作であり、痛切でいたましい心をうつ作品である。

「思いつき先生のこと」は級長である、「ぼく」が思いつき先生にいじめられ、「自分のイスを頭の上にのせて立っている」といった罰を隣の子とおしゃべりをしたばかりに課せられる、といった、いじめられっ子の話であり、不幸があるとカラスが来て鳴く、という話を聞いて作文に書いたところ、迷信に騙されぬこと、という評をうける。その先生は酒飲みで脳溢血でコロッと死ぬ。「ぼく」は弔辞を読む。その途中、先生はカラスが来て鳴いていたのに、気にしなかったために死んだのだ、と思った途端に「ぼくの両眼からバラバラと涙がこぼれたのです」と終るのである。

ストーリーとしてはカラスの鳴くことと死の関係だが、訴えているのは、いかに「思いつき先生」が次々に新しい罪を考えだし、「ぼく」がいじめられたか、にある。これは伊達が小説家としてもかなりの資質に恵まれていたのではないか、と感じさせる佳作だが、ここで私が注目していることは、いじめることに対する怒りであり、いじめられる者に対する同情である。

「サキコのこと」は生まれたときから片目が盲目であった年少の少女がいじめられないよう面倒をみる話である。「ぼく」は何故面倒をみるのかと友人に尋ねられ、隣家の子だから、と答えると、友人が、お前は彼女と結婚するんだナ、と言うのを聞いて、当惑し、彼女が学校へ行かなければいいのに、と思う、といった話をかさね、最後に彼女が「ぼく」に彼女の義眼を贈物にすることで終る。これも不具に生まれついたためにいじめられる少女に向けられる社会の冷たい眼に対して作者は抗議しているのである。伊達は弱い者に対する味方であった。そういう思いやりがこれらの作品にもあらわれている。

伊達はそういう姿勢だったから、若い詩人たちに慕われ、終始、身の上相談をもちかけられ、相談にのったのであった。彼がラドリオで過した時間は一日三時間よりもはるかに長いはずである。

伊達の交友関係の基礎にあったのは、こうした、つねに相手の立場に立って考える、という姿勢であった。この態度は、たんに若い詩人たちに対してのものだけでなく、平林敏彦・安東次男・関根弘といった人々にも、伊達より年少の大岡信・飯島耕一らに対しても同じであった。これこそが伊達の美徳であり、伊達に多くの人々が惹きつけられた人徳であった。

＊

伊達は野菜を一切食べなかった。そんな偏食が健康に良いはずがない。そのことと伊達の死が関係ないのかと訊ねたとき、那珂太郎は、そんなことが原因であるはずはない。伊達が死んだのは貧困と過労のためだとつよい口調で話したことがつよい印象として私の記憶に残っている。

伊達の過労については、彼の出版物の数、『ユリイカ』の刊行に加えて、ラドリオで過した時間などを加えれば、誰の目にもはっきりしている。

ただ、私は、出版業の計理について杜撰だったのではないか、と疑っている。私は伊達が帳簿類に記入しているのを見たことはなかったが、実際は心覚えのメモ程度のことですませていたのではないか。私自身の例からみても、伊達は収支について鷹揚にすぎ、計算について怠惰だったのではないか。『ユリイカ』の編集について、平林敏彦・杉山正樹・清水康雄らが手伝ったと聞いているが、彼らに正当な報酬を支払ったのだろうか。正当な報酬を支払わずに、彼らのサービスの提供を求めることには無理がある。その無理は結局伊達がかぶるより仕方がなかったはずである。晩年、堀内位置子さんという助手がいたが、彼女のばあいはどうだったのか。

伊達は徒手空拳で書肆ユリイカを創立した。人一倍、計理に厳しくなければ、ということは一円でも節約し、一円でも儲けを大切にしなければ、書肆ユリイカは存続できなかった。ラドリオにおいて若い詩人たちを相手にしたときも、大方は伊達が勘定を支払っていたにちがいない。

『ユリイカ抄』の「詩人のいる風景」中「売れない本の作り方」という一章がある。ここで伊達は次のとおり書いている。

「出版は当然のことながら芸術ではない。それは商行為だ。——しかもなお、出版業者は詩集を作る場合作者に惚れることから始める。ちょうど、馬書房主が谷底氏に惚れたように。そして惚れた弱みは、常識を無視した商品を作り上げることに終り、手痛い経済的ショックを結果する——。詩の本は売れない、というのが、一般の常識です。だから、出版屋は詩集を作る場合、反動的にか、ヤケになってか、いよいよ売れないような本に作りがちなものであります」。

伊達は詩人に、老若、既成未熟を問わず、惚れやすかった。思いやりがある、ということはまた他人に惚れやすいということであった。その人情のために出版業の採算を犠牲にすることをいとわなかった。それが彼の過労をもたらす数多い書籍（詩集・詩論集等）の出版をさせることとなり、多くの同人誌のような雑誌の発行人にさせた。

伊達は無愛想だったが、友情に篤かった。他人事を親身になって考える人であった。それが彼の命とりとなる、貧困と過労の原因となった、と私は考える。

＊

伊達が田鶴子夫人、眞理、百合の三人をともなって大宮のわが家に遊びにきたのは一九五九年四月一〇日であった。百合さんはわが家のテレビで当事の皇太子（現在の上皇）のご成婚パレードを観たことを憶えている。私共の二人の娘と亡妻と伊達一家と連れ立って近くの大宮公園に遊びにいった。私の記憶では眞理、百合のお二人のお嬢さんは純白のコートを着ていた。二人とも眩しいほど可愛いかった。田鶴子夫人は相変らず京人形のような美貌であった。伊達は憮然としていなかったし、無愛想でもなかった。むしろ二人の娘を目にいれても痛くない、といったやさしい表情で見守っていた。

陽は中天にあって私たちに光を注いでいた。肝硬変というような病魔が伊達に迫っているとはつゆほども感じなかった。平穏で、のどかな一日であった。思いだすのもつらく、悲しい。しかし、その日は私たち一同は愉しさいっぱいであった。

＊

伊達が他人事を親身になって考えられる、思いやりのある人であったことは、くりかえし書いてきた。大岡信が『ユリイカ抄』の解説中、「彼はジャーナリストとしておそらく最良の立場にいた。作曲家、画家、美術批評家、舞台俳優、写真家、それにもちろん文藝批評家のある人々、小説家のある人々、その他さまざまの人が、ふしぎなほど伊達得夫には協力的だった」と書いている。これは、私が初対面のときから伊達に抱いたような、彼の誠実さ、くりかえしていえば、他人事を親身になって考える人柄が、人々を惹きつけたからだ、と私には思われる。

伊達の没後、那珂太郎をはじめ、伊達の友人たちは『ユリイカ』終刊・伊達追悼号を発行したいと考えた。しかし、紙屋・印刷所・製本屋等あらゆる取引先に債務があり、そういう状態で終刊号を発行することはできないという結論になった。誰かがこれら債権者と交渉して債権を放棄していただいたのだが、それが誰か、私は憶えていない。ただ、小田久郎は『戦後詩壇私史』に次のとおり記している。

「いまでもひとつ鮮やかに記憶に残っているのは、少なからぬ借財のうちの紙代については、私たち弱小三出版社の担当をかって出てくれていた竹尾洋紙店の松村光三という部長が、全額を自腹で会社に払ってゼロにしてくれたことである。竹尾という紙屋の業界では、大きな組織のなかでこういうことをやってのける人物が、当時はまだいたのである。しばらくして彼が竹尾を辞めたのは、その俠気が生かされなくなったからかどうか、そのへんはつまびらかではない」。

松村光三氏の好意には、小田ならずとも、私自身も感謝の言葉を知らないほど感謝し、有難く思う。ただ、私は小田がこれをもっぱら松村氏の俠気によることとしているのに同意できない。

伊達が多くの詩人たちに惚れ、採算を度外視した出版をしたのと同様、出版業界の関係者にはそういう伊達の姿勢に惚れこむ人もいたのだ、と私は考える。松村氏が自腹をきって伊達の借財を肩代わりしてくれたのは、俠気にちがいないが、どうしてそういう俠気をもったかといえば、伊達の人柄、姿勢に共鳴していたからだとしか思われない。

伊達は書籍執筆者（詩集・詩論集等）や『ユリイカ』の執筆者たち以外にも、彼の理解者をもっていたのである。たんに戦後詩壇を超えた、ひろく出版関係業者間にまで伊達の人格を認め、理解してくれた方々がいたと考えることは、私にとってこの上なくうれしいことであり、このことを記すことによって本章を結ぶこととする。

（四）稲垣足穂と伊達得夫

私は伊達の生前に稲垣足穂という名を聞いた記憶がない。昭森社ビル二階の伊達の机一つのオフィスを訪ねると、できたばかりの詩集や返本などが乱雑に足の踏み場もないほど彼の机の上や周辺の床の上につまれていた。その中に稲垣足穂の『ヰタ・マキニカリス』はもちろん、全集のどの一巻も目にしたことがない。それでも伊達は『稲垣足穂全集』全一六巻を企画し、死の前年末までに第一巻、第二巻、第五巻、第六巻、第一二巻、第一三巻、第一六巻と、七巻を刊行していた。伊達が詩書出版者として詩に関心をもつ人々の間で知られるようになってから後も、私などからみればひそかに、『稲垣足穂全集』を刊行し続けていたのであった。伊達の短い晩年に近く、第一三巻、第一六巻などを刊行するのは、経済的な費用の工面も肉体的労力もさぞつらく厳しい仕事だったにちがいないが、あえて伊達はそうした困難にたえて稲垣足穂に執着した。現在では、たぶん筑摩書房版の全集が決定版なのであろうが、それ以前にも二、三の出版社が全集ないしそれに近いものを出版しているし、その作品の一部はいくつかの文庫にも収められており、いまだに多くの愛読者がいるようである。そういう意味で、伊達は先駆者、パイオニアであった。パイオニアの辛酸を伊達は充分に経験したはずである。しかし、稲垣足穂の著作の刊行は、私には、伊達の秘密の隠れ部屋の仕事めいた、ひめやかで、しかも、ぬきさしならぬ作業だったようにみえる。

*

私が稲垣足穂と伊達の関係を知ったのは、彼の没後刊行された『ユリイカ抄』所収の「消えた人」という随筆を読んだときであった。ここで伊達は次のとおり記している。

「一九四六年の冬、「新潮」に「キタ・マキニカリス」というエッセイが載っていた。筆者は稲垣足穂であったが、ぼくはその署名には全く知識がなかった。どうせ戦後派の新人だと思って読み始めたのだが、たちまちぼくはその文章に取り憑かれた。戦後派どころではなかった。川端康成よりも少し前、横光利一と同じころに、佐藤春夫の推薦で彗星のように文壇に登場し、やがてまた彗星のように消えて行った半生が、そこに書かれていた。そしてこれからまた新人として私は再出発する、と結ばれていた。そんな経歴も驚くに足りたが、それより、ぼくを強力に捉え揺さぶったのは、宝石をばらまいたような、その文章の魔力だった。

M社という三流出版社の編集者だったぼくは、新潮社に住所を問い合せて、かれをたずねた。池上あたりの小住宅街でたずねあてた家は、垣根をめぐらせたしもた屋で、かれはその一室に間借りしていた。かれは気さくにぼくを自分の部屋に招じ入れたが、第一印象は、ぼくの予想を遥かに上廻った。部屋には、何にもなかったのだ。湯呑み茶わんだとか、座布団だとか、机だとか、そんなものが何一つ見当らない。さきのエッセイで、かれに不遇の年月が続いていたことは知っていた。しかし、こんなにさっぱりと何もない生活というものは、もはや貧しさとか、不遇とかいう性質のものではないだろう。その抽象的ともいうべき部屋のまん中に膝をそろえてかれは坐った。言葉は早口で、しかも低い声で、聞きとりにくかった。呪文めいたことを呟いて、ひとりで笑ったりした。ぼくは返事のしょうがなくて、はあ、はあと馬鹿のように合槌ばかりうっていた。そのわかりにくい会話の中で、僅かにぼくの知り得たことは、「新潮」に書いた「キタ・マキニカリス」はかれの自己宣伝でつまらないものだ。ほんとうにいいものは、ちゃんとしまってある。買手のつくのを待っているのだ、ということであったが、そうなら、つまらない自己宣伝の文章に感動して、わざわざ訪ねて来たぼくは、かれの投げた網にかかったとんまな魚であろうか。と、ぼくは帰途の電車の中で考えこんだ。――しかも、その網にはぼく以外の一匹の魚もかからなかったとすれば――。

そうなのだ。ぼくだけしか、かからなかったのだ。その証拠に、二、三週間後に、かれは大きな風呂敷包をかかえて、編集室にぼくをたずねて来た。包みの中には一〇〇〇枚の原稿が入っていた。表題は「キタ・マキニカリス」。うすっぺらなカーキ色の作業服と、黒とも紫ともつかぬよれよれのズボン、それに板だけになった下駄。しかし、ひくい声で語られる言葉は、やはり呪文めいて、ぼくを魔法にかけた。一〇〇〇枚の原稿は、それぞれ独立した三十四篇の作品から成っていた。「黄漠奇聞」「星を売る店」「星を作る人」「チョコレット」……ETC。そして、それらはみな「収録作品の選定者なるO夫人に献ず」とうたわれていたが、O夫人て誰ですか、というぼくの問に、かれは「デタラメです。ホッホッホ」とこともなげに笑った。

社長をときふせて、ぼくは一〇〇〇枚の原稿を印刷所へ廻した。レイアウトは、かれの希望によって、戦前の新潮社版『世界文学全集』を真似た。数カ月後、それは三三〇頁の紙型になった。しかし、その頃から、ぼくの勤めていたM社は急速に傾き始めた。紙型は印刷されないまま、棚の上で埃を浴びていた。そして、そのまま、四八年の冬、M社は倒産した。返本をストーブにたたきこみながら、ぼくたち社員は酒をのんだ」。

*

伊達得夫が書肆ユリイカの名において出版した最初の本が一九四八（昭和二三）年二月刊の原口統三の『二十歳のエチュード』であり、ついで同年四月に原口の遺書や友人たちの追悼文を収めた『死人覚え書』を刊行、その翌月の五月に『キタ・マキニカリス』を、同年九月に牧野信一『心象風景』を刊行していることからみて、伊達の稲垣足穂、牧野信一の著書の刊行にいかにつよく執着していたかが分かるように思われる（ちなみに、翌一九四九年には二月に中原中也訳『ランボオ詩集』、同月山岸外史『人間キリスト記』、六月に赤尾彰子『石をもて追わるる如く』、同年一二月に合本『二十歳のエチュード』を出版している）。

牧野信一は私もその作品を愛読した作家である。伊達をふくむ私たちの世代の文学好きの青年たちの多くが牧野に魅せられていた。私はいまも「ゼーロン」のさわりともいうべ

き
「私は、訝しく首を傾け悲しみに溢れた喉を振り搾つて、

「ゼーロン！」と叫んだ。「お前は僕を忘れたのか。一年前の春……河畔猫柳の芽がふくらみ、あの村境ひの――。」

私は一羽の鳶が螺旋を描きながら舞ひあがつてゐる遥かの鎮守の森の傍らに眺められる黒い門の家を指さして、同じ方角にゼーロンの首を持ちあげて、

「強欲者の屋敷では桃の花が盛りであつた頃に、お前に送られて都に登つたピエル・フォンの吟遊詩人だよ。」」

といった一節は、完全ではないが、ほとんど暗誦できる。現実と幻想の境界にあって、現実に容れられない者の心を鼓舞するような、牧野信一の世界に私は共感していた。だから、不幸にして『心象風景』の出版は『ユリイカ抄』の「呪われた本」に書かれたとおりの無残な失敗に終ったにしても、伊達が『心象風景』を刊行したのは彼の初心であり、志であったにちがいないと信じている。

これに反して、私は稲垣足穂の読者ではなかった。いまだに私は彼の作品を読んでもいかなる感興も覚えない。ただ、彼の作品の愛読者が相当数存在することは知っている。お

そらく私が文学作品に求める感銘とは違った感興を彼らは稲垣足穂の作品からうけているのであろう。伊達はどうだったのか、がこの小文を起草している私の動機である。

すでに引用した伊達の文章には潤色が多い。そのことは後にふれるとして、伊達が書肆ユリイカを創設するにさいして何故ユリイカと名づけたか、にふれておきたい。

『ユリイカ抄』の「「余は発見せり」」の章に、一九四八年二月、一高の記念祭の日、伊達が一高の寮を訪ねたことが記されている箇所がある。橋本一明が、ターナーの絵を見て泣かないような奴は藝術家ではない、と言い、「新しく作る出版屋のことで頭が一杯だったぼくは十九世紀半の風景画家に泣きたくなる気分ではなかった」と伊達は書き、「ぼくの目をひいたのはむき出しのベッドの上にほうり出されてあった一冊の白い表紙の本であった。その本の背にはエドガア・アラン・ポオ『ユリイカ』牧野信一訳という文字が読まれた」と続けている。じつは、この牧野信一訳『ユリイカ』(一九三五年芝書店刊)は南寮二番の寝室に、原口の生前からほうりだされていた。だから、この日より前にも伊達は目にしたはずなのだが、特に気にとめなかったのであろう。伊達がこの本に目をとめたのは、その数日前、稲垣足穂からこの本について聞いていたからであろう。伊達は右の文章に続けて次のとおり記している。

「早稲田大学の坂を下りたところに、有名な焼鳥屋があった。その店のオヤジは胸まで垂れるアゴヒゲを持っていたので、通称ひげのおやじと呼ばれていたが、ぼくは作家稲垣足穂と、その店で焼酎のコップを前にしていた。

そのとき、かれが言ったのだ。ポオの『ユリイカ』を知っているか。ポオは原稿を書いても誰も買ってくれなかったから、場末の酒場で浮浪者を集めて、自分の原稿を読んで聞かせたのだ。誰も聞いてる奴はいなかった。またあの気狂い奴がしゃべってる、と人は思っていた。その原稿が、「ユリイカ」だった。アメリカにも、やっぱり、あんたみたいな編集者がいて、その「ユリイカ」を本にしてやった。しかし、二部、ほんとうに二部しか売れなかった。首をつって死んだ牧野がそれを訳して第一書房から出したが、日本でもやっぱり売れなかったろう。「ユリイカ」の意味知ってるか。「余は発見せり」という意味だ。ギリシャ語だね。アルキメデスが、比重の原理を発見したとき、ほら、風呂の中に入って水がざあとあふれるのを見て、しめた、と言ってとび出したろう。うれしさのあまり、アテネの町をすっぱだかで走りながら、「ユリイカ！」「ユリイカ！」と叫んだというな。ほほほ。かつてモダニズム派の惑星であったこの作家は、鼻めがねを、掛けたりはずしたりしながら、アルコール中毒らしい、もつれた舌で、そう語ってくれたのだが、それがほんの数日前のことだった――。

ぼくは、何気ないふりして、ベッドの上から『ユリイカ』をとり上げた。仙花紙の本を見なれていた目に、そのずしりと重い感触が、何かを告げた」。

それ故、伊達が書肆ユリイカと称することとなったのは直接的には牧野信一訳（じつは小川和夫と共訳）エドガー・アラン・ポオ『ユリイカ』により、間接的には稲垣足穂の教示による、と考えてよいだろう。ただ、牧野はこれ以前一九三一（昭和六）年一〇月から翌年三月まで『文科』に小林秀雄との共訳で「ユレカ」を連載している。「ユリイカ」はほぼEUREKAの英語読みといってよいが、もちろんアルキメデスはギリシャ語で叫んだのであって、「ユリイカ」と叫んだわけではない。私はギリシャ語読みを教えられた憶えがあるが、「ユリイカ」ほど発音しやすい発音ではなかったと思う。ついでだが、朝日新聞は数年前から科学欄に「ユリイカ」というコラムを設けている。伊達が詩誌『ユリイカ』を創刊したのは一九五六（昭和三一）年一〇月であった。清水康雄が第二次『ユリイカ』を創刊してからだけでも五〇年経っている。この雑誌の題名はかなりひろく知識人の間に知られている。いかに専門分野が違うからといって、こうした題名をそのまま用いている朝日新聞の見識に私はつよい疑問をもっている。もしアルキメデスの歓喜の叫びをコラムの題名にするなら、ギリシャ語読みにする、という方法もありえたのではないか。

＊

そこで伊達の「消えた人」について、その誤りを指摘し、稲垣足穂の反論を紹介する。稲垣足穂の随筆「キタ・マキニカリス」が『新潮』に掲載されたのは「一九四六年の冬」ではなくて、一九四七年五月号であった。稲垣は「東京遁走曲」中、伊達の前記引用の文章について次のとおり書いている。

「これは、伊達がたれか他の人物と私を取りちがえているのでなかったら、やはり彼自身の補充性に出ている誇張だと云わねばならない。なるほど新潮に出した随筆について、「あれは餌だ」と私は確かに口に出したが、魚がくい付いたと見て、「うすっぺらなカーキ色の作業服、黒とも紫ともつかぬよれよれのズボン、それに板だけになった下駄をはいて」のこのこ原稿を持参するような、そんな情けないことをした覚えは、いつ何処においても無い。あの暑い日に銀座うらに森谷均をたずねたのは、我が手で原稿を処分しそうであったから危いと思って預けに行った迄であり、新潮社へは先方の依頼に応じたまでである。第一、原稿は六百枚強で、こんなものが大きな風呂敷包であろうわけはない。

私が、数日目に取敢えず伊達に渡したのは、単行『彼等』の原稿である。これはのちに大塚仲町の桜井書店から出版されたが、初めは神保町電車道の小出版社のために取揃えたもので、それが営業不振を理由に返されてきたのを、伊達が持って行ってレイアウトをすませた時に、私にはマキニカリスをS書院から取戻そうとの考えが起きて、この用事を伊達に頼んだまでである。かれはここに初志を貫いたことになる」。

「かれはここに初志を貫いた」とは、たぶん伊達が「キタ・マキニカリス」の出版の初志を貫き、その原稿をS書院から入手したことを意味するであろう。稲垣によれば、「伊達は彼が計画した童話集のために、まず私の初期の『チョコレット』を所望した。この三部から成る『月夜の森の中では』が刊行されてから、彼のつとめ先の代官町の千代田出版社がつぶれたので、伊達はみずからユリイカ書肆を興して、柿ノ木坂にオフィスを置いた。私を久ヶ原にたずねた日のことを彼は次のように記している」として前に引用した伊達の文章を引用している。前田出版社を千代田出版社と書くような誤りはあるが、『新潮』に発表した随筆「キタ・マキニカリス」は、伊達がこれに感動して稲垣を訪ねる気にさせるような文章ではない。稲垣自身が語ったように自己宣伝臭のつよい文章で、いわば出版社を探しているといった感のつよいものであった。前田出版社の社員として編集した童話集に収めるために稲垣を訪ね、「チョコレット」収録の許諾を得たさいに面識を得ていた稲垣を、今度は『キタ・マキニカリス』出版の許諾を求めて訪ねた、というのが真相であろう。

一方、稲垣とすれば、ようやく網に魚がかかった思いであったにちがいない。何となれば、「昭和十二年から同二十二年まで、『キタ・マキニカリス』は都合十一の出版社を転々した。順序は忘れたが、第一書房、青木書店、桜井書店、中央公論社、昭森社、新潮社、清水書房がその中に加わっている。いずれも返されるか、でなかったら、先方が不得要領なので取戻したのである」(「「キタ・マキニカリス」註解」)。

稲垣にとって伊達の申し出はまさに渡りに舟であった。

次に原稿についていえば、『キタ・マキニカリス』収録の作品はすべて既発表のものだが、稲垣はこれらに徹底的に手を入れていた。「「キタ・マキニカリス」註解」によれば、「なるべく永持ちするようにナマな箇所は削り取り、作品の長さをそれぞれにうんと縮めた」といい、たとえば「黄漠奇聞」は中央公論発表時の八四枚を二五枚に、「星を売る店」七十数枚を二五枚にといった工合に短くし、「どこの家庭に持ち出しても差支えないように」小川繁子という女性が収録作品を選定し、『キタ・マキニカリス』は七〇〇枚となって浄書された。ところが、「七百枚の原稿の束はしょっちゅう場所を変えていたばかりか、その間の二年ほどは私の昼夜の枕代りになっていたので、片面には私の頭の脂がしみ込み、上部の数十枚が黄褐色に染まっていた」ので、第二回の浄書が必要となった、という。

伊達が刊行した『キタ・マキニカリス』がこの第二回目の浄書のなされた原稿によるものであった。したがって、稲垣が大風呂敷に包んだ一、〇〇〇枚の原稿を持参して伊達の許を訪れたという伊達の「消えた人」の記述は大いに疑わしい。

しかし、稲垣の生活の窮乏ぶりについては、伊達の記述の方が稲垣の弁明よりも真相を語っているようである。「弥勒」は一九三九年一二月『文藝世紀』に発表された作品だから、伊達が会った当時とは時期が一〇年ほど前になるが、事態は同じだったはずである。「弥勒」は稲垣の作品に稀らしい私小説的貧乏譚である。その一節を以下に引用する。

「――もうこの辺が峠だと思うことが、彼には十数年続いている。ところで峠は一向にそうでなく、決してそこまで登りついたわけでなかったから、そのあいだに彼はあべこべにどんどん辷り落ちて、云わばのた打ち廻る谿谷上の戦慄的低空飛行であった。（中略）どこの誰かは知らないけれど、あなたの好きな人というのを抱いて踏切から飛び込んでしまいなさいと、江美留に奨めるのであった。それ程に彼は見離されていた。それでもこの時は、未だ衣類と夜に寝るだけの布団があった。それらがみんなコップ酒に化けてしまい、それから逃げるようにして東京行の切符を買った夕べには、それでも金二円也が袂の底に残っていた。が、そんな袷も、羽織も兵児帯もすっかり失くなって、そしていまや身辺皆無という処だが、しかし実際は、身につけている筒袖の単衣と、腰に巻き付けた布製バンドと、他にタオルと洗面器と枕と、傷んだ字引と、下駄、これだけが彼の所有品であった。これに青天井が加入していないことが、せめてもの倖せであった。

インク、石鹼、櫛、歯刷子、これらも曾て身辺にあった。けれどもこの類いさえ十銭なり二十銭なりで預ってくれる質屋が近くにあったので、ほうり込んでしまったのである。（中略）今では十銭ニッケル一枚に換えられる品物が身辺にあっても、彼は不安であり、重荷である。火鉢とか机とか薬缶とか、それくらいの道具は手に入れられる折があった。が、それらは大抵、買ったその日のうちに売払うか質屋行きになっていた」。

「こうして今はそれが善にしろ悪にしろ、身体を動かした限りは何らかの得をする。つまり底まで沈み切ってしまったのだから、身じろぎはその分だけの浮揚を意味することになる。こうした彼に、やがておのずから展開がもたらされたと云ってよいならば、それを招来するに当って最も有力だったのは何か？　我身の上に取り結んだ恐るべき酒精結婚の枷から、江美留を解き放すのに効果あったのは何であるか？　彼は躊躇なく答えるであろう――それは断食であったと。

勿論それは、止むを得ずに為されたものである。けれども前の画家の言葉に依れば、「止むを得ずに為している時くらい人間の強いことはない」のである。そして数日にわたる断食でさえ、いかに普段は匿われているネガティヴの世界に気付かしめ得ることだろう。もっともこのためには若干の訓練が必要である。例えば彼は、お昼に何か口にすると、今晩はどうするかという問題にいまだに患っていた。ところで更に以前は、飯は三日に一ぺんの割合だったが、その代りに四六時ちゅうアルコホル気があった。しかもこんな折ですら「お米が美味しければおかずは要らない」という言葉を聞いて、「それでは水がおいしければ何も食べなくてよいのか！」と憤慨したものである。が、今は曾ての自分の思い上りが反省されつつあった。残飯にありついてさえ有難かったからである。このように分別がついてきた彼は、凡そたべものは残り物が一等美味であり、人参やキャベツや大根や胡瓜にしても、人々が棄てて顧みない端くれにこそ真の味が光っているのだという一事にも気が付いた。それでもなお、日に一回は何か形のあるものを喉に通さねばならないという考えが残留していた。考え直してそれが無根拠だと判り、振舞を受けるために三日に一度は出向いていた家へも、なるべく行かないように心がけてみると、ここに初めて宏大無辺な新天地が瞥見されたのだった」。

これ以上の引用は控えることとする。すさまじい貧乏譚だが、切実さに身につまされるということがない。妙に明るい筆致であり、作者は窮乏を愉しんでいるかにみえる。私は文学作品として評価しないけれども、伊達が「消えた人」で描写したのは、確実にこうした生活であり、伊達は稲垣の徹底した貧困生活に激しく心を揺すぶられたようである。

＊

ここで伊達が前田出版社に在職中に編集した童話集に収録した稲垣足穂の作品「チョコレット」のあらすじを説明する。伊達が稲垣足穂という作家を発見した契機となった作品だからである。

薄い靄のある明け方、散歩中の少年ポンピイは三角帽子をかぶった妖精ロビン・グッドフェロウに出会う。黄色と真紅色と半々になったズボンをはき、ガラス製と思われる靴をはき、背から緑色の羽根が生えているらしい。ポンピイはロビン・グッドフェロウと会話をかわし、妖精たちはだんだん敬意を払われなくなったので、ほうきぼしになったのだと聞かされ、天上に昇ると眼が廻るような広さなので一人歩きするのも容易でない、そこで以前のような真似をしてみようと思ったのだ、と言うので、ポンピイはいつほうきぼしになるのかと訊ね、いつでもなれるという答えを聞く。ロビン・グッドフェロウは何にでもなってみせると威張るので、ポンピイは銀紙に包んだチョコレットの中に入ってみろ、と言うと、ロビン・グッドフェロウはその中に入ってしまって、呼びかけても出てこない。ポンピイが再三石の上に叩きつけても疵一つつかない。ついに鍛冶屋に持っていって壊してくれと頼み、鍛冶屋は金槌で叩くが変らない。マサカリのような金槌も役に立たないので、結局鍛冶屋は大鉄槌を振り上げる。

「聖アントニウス様、加護を垂れたまえ！」

鍛冶屋のかおが素早く上下左右にうごいて空間に十字を切りました。エイッという懸声諸共、地獄の底までぶち抜くいきおいに鉄槌はチョコレットの上に落ちました。

パッと人々がくもの子を散らすように逃げた時、鍛冶屋の家は、まあ何という乱暴なことでしょう。半分吹き飛ばされてしまいました。そしてポンピイは真青になって街を走っていたところを、うしろから警官に抱きとめられたのでした」。

最終章のあらすじは次のとおりである。

あの明け方に出会ったロビン・グッドフェロウは、もしかするとほうきぼしがロビンに化けていたのであるまいか。それともただのロビンが、「自分はいまはほうきぼしだよ」なんてよいかげんなことを言って、チョコレットが爆発した勢で天へ昇ったのではないだろうか、などとポンピイは疑う。「以上話したのは実際に起ったことなのです。ただそれがいつ、どこであったかということだけがはっきりしていません。何しろ相手はほうきぼしなのですから、ねえ。――」。

『キタ・マキニカリス』は「チョコレット」よりもすぐれたファンタスティックな童話をいくつも収めている。これらは私の好みではないが、伊達はこれを童話集に収め、随筆「キタ・マキニカリス」を読んでその全篇を収録した本を刊行したいと考えて前田出版社の社長を説得し、後に自ら書肆ユリイカ刊として出版したにちがいない。

*

伊達が前田出版社から「紙型を買い取って、それをユリイカ版として出版した。発行部数五〇〇部、四九年の初夏であった」と彼は「消えた人」に記しているが、「刊行は一九四八年五月」であることは前述のとおりである。ここで篠原志代という女性が登場する。「消えた人」には次のように紹介されている。

「十五、六年前、ぼくは京都の大学生だった。そのころ、好奇心から西本願寺の経営する「少女感化院」に下宿していたことがある。単なる下宿人にすぎなかったが、収容されている少女たちから、ぼくは先生という敬称で呼ばれていた。そしてそこでの本当の先生、つまり保護司に中年の尼僧がいた。尼僧といっても、髪にはパーマをあてていたし、内面的にも、ぼんのうを一向に解脱した風はなかった。ぼくはその人に、ずいぶん世話になった記憶があって、とき折、文通などしていたのだが、何かのついでに、『ヰタ・マキニカリス』を送った。たいへんおもしろかったという返事はもらったけれども、それは本をもらった人が誰でも言う挨拶にすぎないとぼくは思っていた。だから――その後何かの用事で（その頃彼女はやはり西本願寺の経営する母子寮の寮長になっていた）上京し、ぼくの家を訪ねて来たとき、稲垣足穂という人に会いたいからつれて行ってくれ、と言われ、ぼくはあわてた。しかし、彼女は澄まして「何か持って行かんとあきまへんやろな。何がよろしやろ」などと呟き、さっさとウィスキイなぞ買って、ぼくたちはSホテルをたずねた。

ぼくは二人を引き合せ、湯のみについだウィスキイをのんだ。会話は何となくトンチンカンに終始した。ぼくは浮かぬ気持で早稲田の坂を下りたが、彼女は満足らしく、しきりに感に耐えた溜息をもらし、「けど、ほんまに、えらいひとですわ」と呟いた」。

以下に稲垣志代『夫　稲垣足穂』から、右の伊達の記述に対応する事実の記述を引用する。

「私は、昭和十五年に先夫、日隈要蔵と別れて篠原姓に戻り、当時六歳だった娘の都を連れて、本派本願寺（西本願寺）の社会部に籍をおいた。

北山別院にあった司法保護少女収容の六華園の保護主任を経て、西本願寺山ノ内母子寮寮監を勤めていたが、かねがね提出してあった願書が採用され、初代京都府児童福祉司に任命された。昭和二十三年のことである。私は寮監を辞し、母子寮から道路ひとつ隔てた、仏教学院の染香寮へ居を移し、そこから府の婦人児童課の出先事務所へ通勤することとなった」。

次に一行あけて以下に続く。

「この前年、私は東京で催された社会事業大会に出席した。会場の日比谷公会堂で、午前中の会議を終り、午後の休憩時間に、面会に来ていた六華園時代に知り合って以来のお付き合いの伊達得夫さんに逢った。私は、

「このごろ、何か書いていますか」

と問うた。

京都にいたころの伊達さんは京大経済学部の学生だったが、文学青年だったので、おそらく作家修業をしているのだろうと思っていた。ところが、M出版社に勤めているという」。

引用の途中だが、伊達がわざわざ日比谷公会堂まで出かけて面会を求めていたことを私は意外に感じる。伊達は不精で、ことさら用事もないのに、他に赴く労をとる、ということが信じられない。たぶん六華園時代の伊達はその京都大学在学中もっとも大事な時期であり、当時の篠原志代さんは彼にとって忘れがたく懐しい女性だったのであろう。右に対する伊達の答えから引用が続く。

「「人の書いたものばかり読んでいると、自分が書くのがいやになりましてね。それよりぼくは最近すばらしい作家を見つけました。その人は地上のことは書かない。月とか星とか、天界のことばかり書いているのです。その人の本を近くぼくの社から出版することになっていますから、でき上がったらお送りします。感想があったら著者に手紙を出してごらんなさい。返事をくれますよ」

伊達さんは易者のようにいった。そこで「稲垣足穂」の名を、初めて聞いた」。

次に一行あけて以下のように記した。

「明くる年になって、稲垣足穂著『キタ・マキニカリス』が届いた。伊達さんは、勤めていたM社が倒産したので、「書肆ユリイカ」をおこし、個人で出版を始めていた。書肆名は、稲垣の命名によるものだという」。

書肆ユリイカの商号は牧野信一訳ポオの『ユリイカ』に由来することはすでに述べたとおりだが、伊達が稲垣を推薦するのにさいして、稲垣のかかわりを誇大に彼女に伝えたのかもしれない。

「伊達さんの手紙には、こう書いてあった」。

と稲垣志代さんは書きおこし、次のとおり続けている。

「前約によりまして、小生の出版しました本を謹呈します。いつぞやお話した稲垣足穂氏の小説集です。

いまだかつて日本になかった高度ロマンティクと自讃いたします。装丁は小生が考えましたが、いかがですか？　これも日本にあまり類のない洒落たものと自信を持っております。けれども、このような時代においては、小生の出版信念はいささかの嘆きを感じないわけにはまいりません。けれどもまた、余人ならぬあなたには、この本の価値も認められると思いますゆえ、ご愛読くださいますよう。もし感ずるところがございましたならば、著者へお手紙なされればよいと思います。

稲垣氏とは、先日も巷のきたならしき酒場にて、カストリ焼酎を飲み、談論風発当たるべからざる勢いを見せましたが、サンマータイムのこととて、店を出てもまだ明るく、ちぐはぐな気分で、なんとなく悲しくさえ感じながら別れました。高い知性と鋭敏な感性に恵まれながら世に容れられざる孤高の人——というものは、考えるほど美しいものでなく、かなりみじめな感じですが、そういう人をこそ取り上げたいという、昔ながらの悪趣味は、もはや小生の救うべからざる宿命でありましょう。

夕焼けにいろどられた一乗寺道は、いまもなお小生の心に、あかあかと輝きつつ横たわっております」。

この年は、わが国ではサマータイムといい、本来のアメリカなどではデイライトセイヴィングタイムとよぶ、一時間くり上げの時制が実施されていたのであった。

これほどに稲垣足穂に対する尋常でないうちこみ方を篠原志代さんに記している伊達が、どうして私などにそうした心情を聞かせてくれなかったのか。私は『キタ・マキニカリス』はもちろん『稲垣足穂全集』の一巻も伊達から贈られなかったし、稲垣足穂という名を耳にしたこともなかった。福岡高校以来の親友那珂太郎はどうだったか、知るすべはもうない。知るすべがないことは、飯島耕一・大岡信・清岡卓行・吉岡実らにしても同じだが、彼らも私と同じだったにちがいないと私は信じている。稲垣足穂の文学は私たちから隔離された伊達の秘密の隠れ家だったのではないか。それは詩書出版者としての書肆ユリイカに群がっていた詩人たちの世界と稲垣足穂の世界とがまったく別異だったからではないか、と考える。

それなら、何故伊達は稲垣の著述にそれほど惚れこみ、その出版にうちこんだのか。伊達は自身が書いているように童話が好きであった。しかし、伊達が書いた童話はきわめて人間的、現実的なものであり、稲垣の作品のように非現実的、幻想的なものではなかった。当時の私たちは敗戦後の社会的現実の中で翻弄され、いかに現実に自己を対処するかに追われていた。思想的にも藝術的にも社会的現実を前に自分がどう立ち向かうかが問題であった。そういう世相の中で伊達は稲垣足穂に出会い、現実に背を向け、非現実の幻想の世界に癒しを見いだし、慰めを発見した。内モンゴルで地獄を見てきた伊達は現実にうんざりしていた。彼が稲垣足穂に惹かれたのはそんな事情だったかもしれない。

そう考えるのは考えすぎかもしれない。要するに伊達は稲垣足穂の強烈な個性に惚れこんだのだと言えばそれで充分なのかもしれない。稲垣は当時伊達の周辺にいた人々やそれまで会った人々の誰ともまったく違っていた。「高い知性と鋭敏な感性に恵まれながら世に容れられざる孤高の人」「考えるほど美しいものでなく、かなりみじめな感じ」の人に伊達は傾倒した。そういう伊達の本心をうちあけられる人は篠原志代さんだけだったのかもしれない。

稲垣は書肆ユリイカ版の『キタ・マキニカリス』を「たいへん喜んでくれた。素人くさい造本で、いま考えるとはずかしいような本だけれども、仙花紙はなやかな当時の店頭では、豪華なものに属していた。日本一の出版家だ。これは世界的な出版です、と言ってくれたが、あまり大げさすぎてほめられたような気にならなかった。そして、かれはその世界的な本に、さらさらと署名して、その場で下宿の女中に謹呈した」と「消えた人」に伊達は書いている。この続きは以下のとおりである。

「この下宿――いやSホテルの一室で、かれは精力的に仕事をした。毎月一、二篇の短篇を発表したし、単行本も『弥勒』『彼等』とつづいて上梓された。それらは、それぞれ適当な収入となって帰って来た筈だけれども、決して、身の廻りの道具類がふえたり、服装が変ったりすることはなかった。ただ、いつの間にか、その立派な鼻に、銀ぶちの鼻めがねが乗るようになっていたけれども。収入は惜しみなくアルコールになっていたのだ。夜毎、早稲田界隈の飲み屋で、かれはあやしげな男女にとりまかれコップを傾けていた。ぼくもしばしばその仲間の一人であったが、かれらは、「先生」なぞおかまいなしに勝手な議論に泡をとばし、そして勘定は全部「先生」の「つけ」にされた。しかし、そんな夜々、かれは別人のように生き生きとしてみえた」。

*

さて、伊達さんから『キタ・マキニカリス』を贈られた篠原志代さんは『夫　稲垣足穂』に、

「私は伊達さんには、

「結構なご本、興味深く読ませていただき……」

などと白々しい手紙を出し、著者へは、

「月光で白シャツが青く染まった――というようなところに、新鮮な驚きを覚え……」

と、厚かましい手紙を出した」

とあり、次の文章に続く。

「その年も、秋の終りごろ、私は東京へ出張した。

用件が済んで、下落合の伊達さん宅を訪ねた。

「稲垣先生にお逢いして見たいのですが……」

先生を東京の知己の一人でもあるようにいうと、伊達さんはちょっとあわてたふうだった。それでも、

「お逢いになりますか。それではそうしましょう」

と、決心したかのように立ち上がった。

雑踏の街へ出て、人波をかきわけながら大股で歩く伊達さんにおくれないように、私は小娘のように弾んだ足どりでついて行った。

ウイスキーを一本手土産に、グランド坂上という旅館を訪ねると、先客があった。

先客の、清らかで賢そうなお嬢さんを相手に、あるいはひどく速度の早い口調で話し込んでいた。伊達さんから伝えられていたところでは、ひっそりした一人暮らしの、気むずかしい学者風の人を想像していたイメージはくずれて、若やいでさえ見えた。

毛糸のベレー帽をかぶり、くたびれた褐色の国民服を着ていたあるじの身辺も、このお嬢さんが坐っていると、なんとなくはればれとした感じだったが、私はちょっと意外な気がした」。

途中を省略する。

「折りを見て、先客より先に私たちは辞して外へ出た。伊達さんは、

「あの先生のお話わかりましたか？」

「半分ぐらいはね」

「初対面でそれだけわかったら、たいしたものですよ」

「どうして暮らしていられるのですか」

「作家ですからね、そりゃ原稿料なんですがね。毎月一、二篇の短篇は発表しているので、それらが適当な収入にはなっているはずだけれど、それがみんなアルコールにかわってしまうのです。人から飲ましてもらうこともあるようですが、お金がはいると人の分もみんな払ってしまったり、〝先生〟のつけにされたりで、身の回りの道具類がふえたり服装がかわったりすることはないのです」

そして——

「五十人の不良少女の面倒をみるより、稲垣足穂の世話をしたほうが、日本のためになりますよ」

と、伊達さんはつけ加えた。日本のためにとは、おかしな表現だったが、私は「なるほ

ど」と、深くうなずく気持だった」。

この訪問について「消えた人」は前記のとおり簡潔に記しているだけである。

「ぼくは二人を引き合せ、湯のみについだウィスキイをのんだ。会話は何となくトンチンカンに終始した。ぼくは浮かぬ気持で早稲田の坂を下りたが、彼女は満足らしく、しきりに感に耐えた溜息をもらし、「けど、ほんまに、えらいひとですわ」と呟いた」。

トンチンカンな会話をつうじて、志代さんは感にたえるほどに稲垣に惚れこんだのが、稲垣の側はどうかといえば、「東京遁走曲」中「私は昭和二十三年十二月にも、彼女に逢っていた。伊達がつれてきたのだった。ウイスキ一壜を手土産にグランド坂上の宿へたずねてきた黒外套、束ね髪の中年婦人について、私はあとで伊達に向かって洩らした。「あんな人ならいろんな世話を見て貰えるかも知れないね」」と言葉を記し、彼の結婚観の変化を記した上で、伊達が「本当にそうしましょうか、京都へ云ってやりましょうか」と言い、彼が関西へ廻した刊行物についての残高の回収や売上の回収を志代さんに頼んでいたらしい、と書いている。稲垣と志代さんの結婚はこうして実質的に伊達の仲介によって成立したのだが、ことさらに韜晦した筆致で叙述したのであった。

「消えた人」からの引用を続ける。

「その夏、稲垣足穂はSホテルから姿を消した。風の便りでは、新宿で一夜早稲田の学生と飲み明かし、そのまま、その学生の故郷である北陸の町へ行ってしまったのだ、ということであった。従って、Sホテルは夜逃げのような形になってしまっていた。――そして秋。ひょっこりと東京へ舞いもどって来た。今度の宿は中野の下宿屋だった。この部屋の敷金は江戸川乱歩に借りたのだということだった。彼は何も書かなかった。旅行者用の外食券を売って酒をのんでいた。めしをたべない日がつづくと宿の階段をおりたトタンに足が宙に浮く、仙人とはこんなもんです、と言った。破局が迫っていた。

朝、かれは中野の下宿から、ぼくの家まで二キロほどの道のりを歩いてくる。道で、タバコの吸殻をひろい、それを気どった手つきでポケットからつまみ出す。「タバコをひろおうと思って歩いていたら此処まで来たから寄りました。コップでもありますか。それから水を一ぱい」

手先の小きざみな顫え。舌先のあやしいもつれ……。ああ、この稀有の才能もこうして亡びるのだろうか」。

ここで一行あけて伊達は次のとおり記している。

「そのとき、奇蹟がおこった。奇蹟? あるいは奇術。

京都から例の尼僧がまた上京して来たのだ。ちょうど、ぼくが留守だったので、彼女は、今度は一人で、中野の下宿屋にかれを訪問した。それから、その部屋で何がおこったか、ぼくは知らない。ともかく夕方になって二人でぼくの家にやって来たとき、かれは素知らぬ風をしていたが、かれが席を外した隙に、彼女は、早口にささやいた。「どういうたらええのやろ。あたし、あの人と結婚しよ思いますの」「え？　ほんとう？」目を見張ったぼくの前で、しかし、さりげなく彼女は「ほんまに大きな不良少年ですわ」と保護司らしくつけ加えた。

一九五〇年が明けた。稲垣足穂は、京都へ行った。あと始末を頼まれたぼくは、中野の下宿屋で、かれの布団類をこんぽうした。記念に何かもらっておこうか、と思ったが、何もなかった。駅に運んで発送した。

トルストイの童話の間抜けな悪魔は、大地にポッカリと黒い穴を残して消えるのだが、かれもまた、ぼくの何処かに、ポッカリ穴を残して消えた。そして、その穴が、ぼくの放埒な青春に打たれた、最後のピリオドでもあった」。

じつに巧みに仕立てられているが、事実は『夫　稲垣足穂』に収められている二通の伊達の書簡、稲垣の十数通にも達する書簡から、もっと複雑でいりくんだ経緯を辿ったことがわかる。

同書中、稲垣から志代宛書簡は一九四九年八月三一日付、九月一二日付、九月二六日付、一〇月一四日付、一〇月二七日付、一一月五日付、一一月一五日付、一一月一九日付、一二月三日付、一二月一三日付、一九五〇年一月一日付、一月一二日付、一月一八日付、一月二七日付といった頻度で発送され、二月初めに京都に着くこととなる。伊達は一一月一八日付書簡では「彼の沈黙も、もう半年になります。あんまり沈黙してると、いよいよ書けなくなるでしょうから、来るごとに書くように奨めています。（中略）彼にいわせれば、表現上の問題で苦しんでるというのですけれど、おそらく彼の表現は、いままでの作品から出れるとは思えません。なんていったって、あれだけの文章は、余人の真似し得るところではありませんものね」と書き、一二月四日付書簡では「あの人には、原因と結果の関係が、まるで切り離されています。これに対応するには、絶対に東京に出てくることが必要です。執拗に食いさがらないと、あの沈殿した酒糟を、芳醇な酒に発酵させることは不可能かと思います。一日も早く、東京転勤の運動をなさるように！」と書いている。

これほどに伊達が親身になって身上を案じた文学者、詩人が他にいるだろうか。

志代さんは京都駅で稲垣と出会い、駅前の小さな飲食店でお銚子一本と蛸酢の小鉢を注文、さらにきつね丼を二つ注文した。

「眼光に精悍さが加わり、話しぶりが次第に冴えてきた。私はもはや彼の服装など気にならなくなった。しかしこの〝お客人〟は、私の手許にいつまで滞在されることやら。私は一日一日を、この旅僧めくお客人に供養しようと思うのだった。

私はしばしば、伊達さんから依頼された、書肆ユリイカ発行の刊行物の、残品の回収や売り上げの取り立てに大阪まで行っていたが、今度は膨大な生きた刊行物を私自身の手に受け取って、責任を感じた。

〈これは、返品するわけにはいかない〉」。

伊達は稲垣足穂を描いて「消えた人」と題したが、稲垣を再生させることを後に結婚して稲垣志代となった篠原志代さんに託したのであり、そのために京都に赴せて、東京から消える人となるよう計らったのである。

伊達はここでピリオドを打ったわけではない。生涯、未完に終ったとはいえ、『稲垣足穂全集』を刊行し続けたのであった。これほど伊達が敬愛し、面倒をみた文学者がいたことを私は知らなかった。私にはその事実を恥じ入る気持がつよい。

第二部

（一）生立ち・結婚・上京

くりかえし書いてきたように、伊達は口数が少なかった。私は彼の生涯をつうじ、彼が彼の生立ちや血縁の人々について語るのを耳にしたことがなかった。長谷川郁夫『われ発見せり』にも、彼の生立ちが充分に記されているとは思われなかったし、彼の血縁の方々がどのように暮らしていたかについても、同様に記述に不満があった。そこで、思い立って、彼の次女、百合さんにお願いして、数時間ご質問し、お尋ねした。その答えをお聞きして私は一驚した。何よりも、僅か四〇歳で他界した伊達得夫を思いやると、彼のご両親、ご姉妹がご長命であったことは、驚異としか言いようがなかった。百合さんに教えていただいたご両親、ご姉妹の没年と没年の年齢は次のとおりという（百合さんは元号で没年を教えてくださったのだが、西暦で示し、対応する元号の年を括弧内に示す）。

父・重吉　　没年・一九七四（昭和四九）年　八七歳
母・まつ　　没年・一九八〇（昭和五五）年　八七歳
姉　雪子　　没年・一九九九（平成一一）年　八八歳
妹　賀代子　没年・二〇一二（平成二四）年　八六歳

姉の雪子さんの結婚後の姓は須田、妹の賀代子さんの結婚後の姓は徳平であるという。

百合さんが教えてくださった没年と没年時の年齢から、伊達得夫のご両親とご姉妹の生年を逆算すると、父重吉は一八八七（明治二〇）年生まれ、母まつは一八九三（明治二六）年生まれのはずだから、一九二〇（大正九）年に伊達得夫が生まれたときは父重吉は三三歳、母まつは二七歳だったということになる。これは長谷川郁夫『われ発見せり』に、伊達得夫が生まれたとき、「重吉は三十一歳、母まつは二十六歳」と記しているのとは違っている。私の百合さんからの聞き違いではないから、おそらく『われ発見せり』の記述が間違っているのであろう。いずれにせよ、伊達得夫の生まれたときに父母が何歳であったかは、さして意味あることではないので、これ以上の詮索はしない。

また、百合さんが教えてくださったこの没年と没年時の年齢によれば、姉雪子は一九一一（明治四四）年生まれ、妹賀代子は一九二六（大正一五）年生まれという計算になる。

そうとすれば、雪子さんは母まつの一八歳のときに生まれたことになるが、当時として、そう珍しいことではあるまい。現に私の母が私の兄を生んだのは一八歳のときであった。雪子と伊達得夫との間に九歳の年齢差があり、伊達得夫と妹賀代子の間に八歳の年齢差がある。もっとも、百合さんは、右に記した姉妹の他に、夭折した兄、姉がいた と話していた。そういえば、『ユリイカ抄』中の「青春不毛」の章に「活字」という回想が収められており、この文章の中で、伊達は彼が小学校の「四年生のころ、中学生だった兄が流行歌に凝って、しきりとレコードを買って来たが、その中に二村定一という馬面の歌手が吹き込んだ「神田小唄」という一枚があった」と書いている。それ故、伊達得夫の兄はすくなくとも中学生の当時まで存命だったことは伊達が書き遺しているわけである。長谷川郁夫『われ発見せり』に、伊達にとって「横浜の商業学校にすすんでいた兄が死んだことも、中学時代の悲しい出来事だった」とあるので、この記述にしたがえば、兄はおそらく二〇歳前後で亡くなったのであろう。長谷川のいう「横浜の商業学校」とは「横浜高等商業学校」、いわゆる横浜高商、の間違いと思われる。横浜高商は高等商業学校中の名門校であり、現在の横浜国大経済学部・経営学部の前身である。それ故、兄の死去が二〇歳前後とすれば、夭逝といっても差支えないであろう。いずれにしても、雪子と伊達得夫の間に兄がいたということであれば、雪子と伊達得夫の間に九歳の年齢差があってもふしぎではない。また伊達得夫と妹賀代子との間の八歳の年齢差は、たしかに離れてはいるが、この程度の年齢差の兄弟姉妹は世にふつうに存在すると思われる。

このお二人を除けば、伊達得夫はおそろしく長寿を保っていた家系に生まれ、おそらくそういう長寿の体質の遺伝子をうけついでいたにちがいない。しかも、どうして、伊達得夫が四〇歳という若さで他界したのか。両親姉妹の長寿をお聞きして一驚すると同時に私はあらためて伊達の早すぎる死に心の痛みを新たにし、伊達の死について考えさせられたのであった。

伊達得夫は野菜をまったく口にしなかったといわれる。ただし、百合さんによれば、じゃがいもなどは好きだったというし、いわゆる根菜類の若干は食べたらしい。それにしても偏食にちがいない。ただ、戦後、まだ、食生活がどうあるべきか、など論議のはじまる以前であった。だから、伊達得夫はやはり偏食だったにちがいないが、偏食が健康に良くないに決まっているとしても、だからといって、そのために彼らがみな肝硬変になるわけではない。一日に三時間は喫茶店ラドリオで過ごしたと伊達は書き遺している。三時間も若い詩人たちと話していれば、一日に三杯くらいのコーヒーは飲んだと推測できる。そういう生活が五年も六年も七年も続けば、これも肝臓に影響しなかったとは言いきれまい。那珂太郎のいうように、過労と困窮が肝硬変の原因となったのであろうか。自転車操業に近い書肆ユリイカの仕事のための心労が肝硬変の原因となったかもしれない。私たちの生命を襲う病魔は、いつ、どこで、私たちを待ちかまえ、私たちの生命を奪うか、私たちにははかりがたい。こうした肉体的、精神的疲労の蓄積が、詩書出版者としての書肆ユリイカ、伊達得夫の名を伝説的存在にしたが、その代償が肝硬変という病魔となって彼を襲ったといえるだろう。肉体的、精神的な疲労と心労が、伊達得夫が生来うけついでいた長寿の体質にまさって肝硬変となって彼を襲ったというべきかもしれない。

ところで、敗戦時、父重吉は五八歳、母まつは五二歳だったはずである。重吉はまだ働くことのできる年齢であった。百合さんの記憶では、どこか建築会社に勤めていたのではないか、という。一家は、朝鮮から引揚げ後、一時、上落合の伊達家の建て増しした二階に仮住まいしたが、ほどなく転居し、最後は町田市に住んだという。だから、重吉一家が朝鮮から引き揚げてきたのは、伊達得夫が上落合に居を構えてからしばらく経ってから後のようだが、正確な時期は分からない。しかし、引揚げのさいは、着の身着のまま、伊達得夫の母親、まつさんは宝石などの資産は何も持ち帰ることができなかった、と聞いているそうである。当時、伊達得夫は書肆ユリイカを創業、『二十歳のエチュード』は売れたものの、その後の出版は思わしくなかったから、伊達には父母を養う余裕はなかったにちがいない。重吉としても、伊達得夫の世話になるより、自らの就職先を探して自活することを選んだのであろう。そこで、重吉、得夫の親子はそれぞれがたがいにたよることなく生活することになり、離れ離れに各自の生計を立てるのに追われることになったと思われる。

*

ところで、伊達得夫が他界したとき、ご両親ご姉妹は存命であった。私の計算では、当時、重吉は七四歳、まつ六八歳、雪子五〇歳、賀代子三五歳のはずである。伊達得夫が死去して後、葬儀、告別式をはじめ、書肆ユリイカの後始末などのため、私はしげしげと上落合の伊達家に出入りしていたが、伊達のご両親ご姉妹にお会いした憶えはない。私は記憶力が悪いので、ご挨拶をうけながら、忘れているのかもしれない。話がしばらく横道にそれるが、『ユリイカ抄』に収められている伊達の写真を見ていて、私は、伊達が鼻が高く、鼻筋がとおり、顔立ちのととのった、なかなか精悍な感じの美男子であったことに気付いて驚いた記憶がある。生前の伊達得夫は彼なりにお洒落であったらしいが、お洒落に気を使っているようには見えなかった。それに肌に艶がなく、何か煤けた感じがした。伊達得夫は、都会育ちと違って、垢ぬけしない風采の人物だと私は感じていたので、彼の容貌に注意したことがなかった。ふだんから器量自慢だった安東次男と比べ、伊達得夫は容貌を気にかける気配がまるでなかった。そのため、私は彼の容貌がどうこうと思ったこともなかった。ところが一九六五年刊の『歴程詩集』に寄せた清岡卓行の「伊達得夫の笑顔」という文章の中で、清岡が「ぼくは伊達得夫をまるで「美男」とは思わなかったが、彼の死のお通夜のとき、彼にそっくりな実姉のひとの「美しさに驚いたことがある。だから、普通の意味でも彼はきっと美男」であったのだろう」と書いている。そこで話を元に戻すと、私は、当時もその後も、伊達得夫のご両親ご姉妹にお会いした記憶はないのだが、ご両親ご姉妹は伊達得夫の死後、葬儀、告別式の当日まで、ほとんど上落合の伊達家においでになっていた、と百合さんはいう。私は、ご両親ご姉妹はひっそり隠れるようにしておいでになったのではないか、と想像していたが、清岡の文章からみると、姉君は弔問客にご挨拶なさっていたのであろうし、ご両親も弔問客にご挨拶なさったのかもしれない。清岡の文章については、百合さんは、清岡さんは雪子伯母と賀代子叔母をとり違えておいでになるのではないか、という。百合さんによれば、雪子伯母は決して美貌という方ではなかったけれども、賀代子叔母ははっと目を瞠るほど綺麗な人でした、という。だから、伊達得夫も容貌に恵まれた家系に属していたのかもしれない。

ご両親が健在であり、その嫡男の葬儀、告別式なのだから、伊達得夫の葬儀、告別式は伊達家の催しでもありえたのだが、じっさいとりしきったのは、大岡信・飯島耕一その他の『鰐』の同人たち、それに、那珂太郎や私などであって、血縁の方々が口をさしはさむ余地はなかった。伊達得夫の青春ともいうべき旧制福岡高校時代の文学仲間の方々さえ、葬儀、告別式の段取りからは疎外されているかのようにみえた。伊達得夫の葬儀、告別式は、伊達家の嫡男という私人の葬儀、告別式ではなく、書肆ユリイカの社主、伊達得夫という公人の葬儀、告別式であった。私には、喪主である、田鶴子夫人と眞理、百合の二人のお嬢さんはともかく、ご両親、ご姉妹の方々は伊達得夫の葬儀、告別式にさいし、ひっそりと脇役に徹しておいでになったように感じている。告別式のさい、弔問客は伊達の写真の前に生花を捧げたように憶えているが、あるいは血縁の方々も田鶴子夫人と並んで答礼なさっていたのかもしれない。北風の吹く寒い日であった。清岡卓行・関根弘・木原孝一・黒田三郎、福岡高校の同窓生代表の千々和久弥が弔辞を捧げた。弔問客は長蛇の列をつくっていた。しかし、弔辞を聞きとれたのはごく限られた人々だけであった。これも書肆ユリイカの窮乏の結果だが、上落合の自宅で葬儀、告別式を営むには弔問客があまりに多かった。弔問客は伊達家に入る路地にあふれていた。こうした葬儀、告別式の光景も伊達得夫らしいといえば、そうかもしれなかった。

私は伊達の葬儀、告別式について書いてきたが、葬儀、告別式の状況を思いおこして書きとめるためではない。そのときに、私がご両親やご姉妹にご挨拶した憶えがないのは、伊達得夫一家とその父重吉一家との間が何かしら血縁としての親密さを欠いているように感じたことを書いておきたいと思ったからであった。しかし、百合さんによれば、重吉さんは伊達得夫の没後、月に一度は上落合の家を訪れていたという。重吉さんは伊達得夫の遺族の生活を気がかりに感じていたのであろう。伊達得夫の生前は、一家も正月には必ず重吉家に挨拶に出向いていたという。伊達得夫は重吉さんに対して一種クールにつきあっていたらしいが、さりとて、伊達得夫一家と重吉一家が格別疎遠であったということもなかったらしい。私としては、伊達得夫からその父親について一言も聞いた記憶がないこともその一例だが、重吉さんとすれば、京都大学経済学部を卒業しながら、まともな職業につくこともなく、詩書の出版などにかかずらって、年老いた両親の面倒をみない伊達得夫に不満をもっていたのではないか、と想像して、伊達得夫一家と重吉一家とはことさら疎遠だったのではないか、と邪推していたのだが、伊達得夫の側がクールであったにとどまり、重吉さんとしては、内心はともかく、父親として親しく伊達得夫一家とつきあっていたのであった。

*

百合さんは、伊達得夫の父親の重吉は工学院大学の卒業と聞いている、と私に話してくれた。現在の工学院大学は一九四九年の創立だから、その前身を重吉は卒業したのであろう。工学院大学の直前の前身は工学院工業専門学校だが、この学校は一九四四年の創立だから、重吉の卒業したのは、さらにその前身の一八八七（明治二〇）年創立の工手学校ではないか。工手学校は予科半年、本科一年、土木・機械・電工・造家（建築）・採鉱・冶金などの学科を学習することになっていたという。

おそらく内地で就職するとすれば、最下級の技術者として採用されたであろうが、植民地朝鮮に渡れば、中級の技術者として下級の朝鮮人技術者、労働者を使うような役職に就くことができたのではないか。そして、たぶん勤勉で、技術に熟達していたので、順調に昇進し、おそらく大学卒業生の占めた上級職とはいえないまでも、最上級の中級職にまで昇進したのではないか。それだけ裕福な生活だったのではないか。だから、中学生の兄がしきりにレコードを買うこともできたのではないか。

いったい、伊達得夫の書き遺した文章を読んでいても、伊達が福岡高校から、京都大学に進学し、在学していた時期、彼が苦学したという気配がまるで感じられない。京都大学で大学新聞の編集に関係していたのも、経済的に余裕があったからだろう。それだけ、学費・下宿代・小遣いなど、伊達得夫は、貧しくはあっても、苦学しなければならぬほどではない、仕送りをうけていたのではないか。

反面、伊達家では、下男、下女、といった人々を雇っていたというような記述も見当らない。植民地時代の朝鮮では、支配階級であった日本人は被支配階級であった朝鮮人をひどく廉価な労働力として酷使することが通常であったと聞いている。伊達家では朝鮮人を労働力として常時雇うというような生活ではなかったようである。そういう意味では、支配階級であった日本人の中でも、中流の下級から出発し、やがて中流の上級の生活を送っていたのではないか。そういう切りつめた生活からまつさんは宝石を購入することもできたのだが、それが決してたやすいことではなかったから、引揚げにさいして宝石を持ち帰れなかったことを後まで嘆いたのであろう。伊達得夫は朝鮮で支配階級の一人として育ったことにまったく疚しさを感じていなかったようにみえたが、それはそんな水準の生活だったからではないか。

*

伊達得夫の小学校時代については、彼自身の文章以外に依拠すべき資料を私は知らない。『ユリイカ抄』から抄記して、できるだけ、小学生であったころの伊達得夫の面影を探ることにしたい。

『ユリイカ抄』の「青春不毛」の章の冒頭に「活字」と題する回想が収められている。小学校二年のとき、帰宅の途次、陸橋の上で活字を拾ったところ、その活字は「否」という字の活字であった。それから二十数年後、書肆ユリイカの場所を探し、尋ねあぐんだ人があって電話をしてきた。「神保町一丁目の露地ですよ」と「ぼくは教えたが、「ジンボー町ですか」「そうです、ジンボー町です」と応答しながら、いつかビンボー町と発音している自分に気づく。神田貧乏町。なんとなくゴロのしっくりするこのいや味な言葉を、暗い喫茶室で、あるいはたそがれの焼鳥屋でぼくは噛みしめることがある。そして、ふと、あの「否」の活字を思い出すのだ」という伊達独特の苦い諧謔に富んだ短い文章だが、私が引用したいのは、この随筆の発端の二行ほどにすぎない。伊達得夫はこう書きはじめている。

「小学校二年の終業式の日——ぼくの育った植民地では、三月でもまだ街角に雪が残っていた。ぼくはその日の式場でほうびをもらった。優等生だったのだ。賞状をよごさないように大切に小わきにかかえて、雪どけの道を家にいそいだ」。

彼は優等生であった。この成績の良いことは卒業まで変らなかったようである。

『ユリイカ抄』には「思いつき先生のこと」と題する童話が収められている。

「むかし小学校では、授業中にとなりの席の子とおしゃべりをしていたり、こっそりマンガ本を読んでいたりすると、先生はよくその生徒を席の横に立たせたものです。ぼくはおしゃべりでしたから、ときどきこの罰をうけました。みんながイスに坐っているのに一人だけポツンと立っているのはへんなぐあいですけれども、しかしちょっと変った新鮮な感じがあるものです。何度も何度もそんな罰を受けると、もう馴れてしまって立たされていてもしょげたりしなくなります。自分が灯台になったような気がします。そして教室じゅうをぐるっと見廻し、目の合った友だちにチカチカと合図を送ったり、ベロを出してみせたりします。すると先生はもう一度怒って、ぼくを教室の外に出します。「廊下で立っておれ」というのです」。

この先生が新しい罰を思いつく。「自分のイスを頭の上にのせて立っているという方法でした。イスをひっくりかえして、お尻をのせる部分を頭にのせて背をもたせる部分を顔の前にささえるのです」という方法であった。

昼休みに騒いでいた「ぼく」はこの罰を科せられる。「午後からは一時間しかありません。それはぼくのすきな図画の時間でしたが、しきりにクレヨンを走らせている友だちをうしろからながめながら、ぼくはイスを頭にのせて立っていました。何という長い一時間！　その間先生はぼくのことを見ないふりをしていました。しかし、その時間もとうとう終りました。授業の終りには級長が、「起立！　礼！」の号令をかけることになっています。そしてぼくがその級長でした。しかしイスを頭にのせて号令をかけるわけにはいきません。何人かがふりむいてぼくの顔をチラリとながめましたが、やがてバラバラに起立しました。全部立ち上ったところで、先生が「礼！」と号令をかけました」。

その後も「ぼく」は一時間も立ち続けることになるのだが、省略する。

「ぼく」は伊達得夫自身にちがいない。彼は級長であった。おそらく成績が一番良かったのであろう。しかし、この級長は決して模範生ではなかった。悪戯が好きな少年であった。マンガが好き、図画の授業も好きであった。級長だからといって威張ることはなかった。彼は思いつき先生を嫌悪し、軽蔑していた。規律にとらわれない、自由な精神の持主であった。

＊

伊達得夫はその中学校時代について『ユリイカ抄』の「青春不毛」の章の「スキートピイと駱駝」という題で、京城（ソウル）から一時間ほど西の仁川から汽車通学していたスキートピイのような美少年、後の詩人儀永秀雄を回想し、書肆ユリイカが『中原中也の手紙』を刊行した後、儀永との交友が復活したことを書いているが、彼自身の思い出を語っているのは、「ヘソとプロマイド」という文章と「青春不毛」という章の題を採られた文章の二つだけであり、学業等にふれた文章は見当たらない。これら二つの文章はいずれも辛い体験の回想である。「ヘソとプロマイド」中で次の挿話が語られている。

「ぼくは中学生になるやいなや、五年生から鉄拳制裁というものを受けた。ぼくたちは、毎日放課後の校庭で、腕っぷしの強そうな五年生にリードされて、応援歌の練習をさせられていたが、ぼくが歌いながら「休メ」の姿勢をしていた、というのが制裁の理由であった。ぼくはなぐられて初めて、応援歌というものは「気ヲツケ」の姿勢で歌うものであることを知った。しかし「休メ」の姿勢で歌っていた一年生はもとよりぼくの外にも多かった筈である。ぼくがその代表としてなぐられたことは、要するにぼくに、ヘンになまいきな所があり、目立ってつまらなそうな顔で歌っていたからであろう。そんな生意気で間抜けという救いがたい欠点によって、それ以後の歳月、ぼくに「要領」の悪い男としての冴えない人生がつづくことになるのだが、それをいまはふりかえる必要はない。ぼくが思うのは、そんなぼくの対象点にイソナガが立っていた、ということである。

儀永秀雄はヘソと渾名されていたという。その儀永から「おれの恋人の写真を見せてやる」といわれて高峰秀子のブロマイドを見せられ、「ある日勇を鼓して教えられた」ブロマイド屋に行き、高峰秀子の息をのむような美しさに感嘆しながらも、彼女は儀永の恋人だから、と思って桑野通子のブロマイドを買ったという話である。

いったい、儀永がぼくの対象点に立っているという表現が分かりにくい。対照的存在として立っていたという意味のように思われるが、そうであれば、儀永は要領がよかったということになるが、儀永が要領よく立ちまわったという記述は存在しない。ともかく、伊達は鉄拳制裁の愚劣さに憤っている。そして、彼が鉄拳制裁をうけたのは自分の要領の悪さからだ、といって、世渡りの要領が悪く、詩書の出版という売れない本の制作、販売に明け暮れていることを暗に嘆いているのである。じっさい、国歌とか校歌ならともかく、応援歌をうたうさいに「気ヲツケ」の姿勢でうたわなければならないというのは、いわば運動部にみられる暴力行使を是認する風潮に由来するであろう。私は、ここで、伊達得夫は自分の要領の悪さに責を帰しているが、じっさいは暴力への批判が彼の真に言いたかったことであろうと想像し、そのような暴力の横行する世間における不遇をかこっているのだと解する。

この鉄拳制裁は伊達得夫の中学入学時の挿話だが、次は彼が中学五年生のときの挿話である。すこし長いが全文を引用する。

「日支事変がはじまったとき、ぼくは朝鮮、京城の中学生だった。毎日毎晩、軍用列車はその街を通って北上した。ぼくらのクラスは四班にわけられ、毎日一班ずつ交替でその列車の見送りに、京城駅へ駆り出された。バンザーイとぼくたちは声をかぎりに叫び、車窓の兵士たちもそれに応える。そして汽車が遠く去って行ったあとの白々しい空虚。ぼくはそんな日の感想をセンチメンタルに潤色して友達に書き送ったことがある。バンザイバンザイとさわいでいる兵士たちは可哀想だ。死にに行くつらさを酒でごまかしてるんだ、というような趣旨であった。その手紙をうけとった友人は、それを不穏な文章だと判断し、焼却しようと思ったが、手もとにマッチがなかったから、小さく小さく千切った。手もとに紙屑籠もなかったのかも知れぬ。千切った紙片を自分の机のひき出しにつっこんでおいた。数ヵ月後の朝、その友達は教室でぼくを見るなり蒼くなって囁いた。ゆうべ、夜道で学生課の刑事につかまった。別に何もしてたわけではないが、ポケットの煙草がバレておれの家までついて来て部屋をソーサクされた。部屋には悪いものはなかったんだが、あいにく千切ってあったおまえの手紙が見つかってな、それを集めて持って行きやがった。千切ってあったからいっそ怪しまれたんだな。悪いことをした。全くすまん……。

放課後、ぼくはクラス主任の教師に呼びつけられた。「おまえ、何かしたんか。本署から出頭命令が来とるぞ」ぼくは学校からの帰途、本署へ出頭した。長く暗い廊下。街の中心にあったその建物の三階からは、すでに日のくれた冬の街々の灯がながめられた。寒かった。ぼくはその廊下で三時間待たされた。巷の雑音にまじって、するどく号外の鈴が流れて来た。そのころ号外は殆ど毎日発行されていたのだ。また何処か占領したんだな、とぼくは虚しく考えた。つき当りの壁の掛時計が八時を指したときドアがあいて、刑事が顎をしゃくった。部屋にはストーブが赤くもえていた。それをかこんで尻をあぶりながら茶を飲んでいる数人の黒服の男たち。ぼくは、木のベンチに坐った。大きなテーブル。その表面を辷って、ぼくの前に投げ出されたのは、こまかく千切られた紙片をうらばりして、見事に復原された、三枚のレターペーパーであった。（百以上の細片を、どうして三枚に復原し得たか、ぼくはいまもその技術に驚嘆のほかはない）

「これはおまえが書いたんだな」それからぼくは本籍に始まって趣味嗜好に及ぶこまかい調書をとられた。「どういう動機でこんなものを書いた？　え？　これは明らかに反軍思想だ。この聖戦を貴様は何と思っとるか」かれはあまり語調に気合を入れすぎたのであろう。つづいて痛烈な放屁をした。その法螺貝の音も、しかし中学生の少年を一そう威圧するに足るものであった」。

放屁の件は、伊達の文章にしばしば見られる潤色ではないか、と思われるが、伊達はこの事件がどのように決着がついたのか記していない。始末書を提出し、説諭された程度のことで終ったのであろう。それでも、センチメンタルにせよ、中学五年生がここまでつきつめて考えていたことに私は驚異を覚える。東京の中学五年生が、当時このような感想をもつことができたとは思われない。東京は中国大陸の戦争から遠かった。四班に分かれて、毎日、京城駅に北上する兵士を見送っていた彼には戦争がよほど身近であったのであろう。それにしても、これは中学五年生として注目すべき見方であったといってよい。ただ、戦死に関する彼の考えが京都大学時代に変り、さらに内モンゴルに初年兵として駐屯していた時期になってさらに変っていくのをやがて私たちはみることとなる。

*

伊達得夫は京城中学から旧制の福岡高校に進学した。「その学校は二十時間も汽車に乗って行く大きな都会にありました」と伊達は童話「サキコのこと」に書いている。当時の京城、現在のソウルと福岡はそれほど遠かった。伊達得夫が中学時代の同窓で同じ福岡高校に進学した者がいたというようなことはまったく書いていない。おそらく、彼はすぐれた成績で中学を卒業し、充分な受験勉強をして、福岡高校に合格したのであろう。あるいは旧制高校に進学したのは、正規の教育をうけていないために不遇を感じていた父重吉の意向が働いていたかもしれない。伊達得夫としても、旧制高校への進学は彼の希望するところであったにちがいない。そこで、同窓の誰もが進学しない福岡高校で学ぶことになったのであろう。

「青春不毛」の章に「幾歳月」という文章が収められている。その冒頭の挿話を引用する。

「教室でいねむりしながら講義を聞いているぼくの背後から手紙が廻って来た。「出隆の『哲学以前』読んだか?」ぼくは返事をかく。「よんでない。おもしろいか」「ゆうべ徹夜で読んだ。おかげでねむい」「ねむければ寝ろ。おれもねむい」授業の終るベルが鳴って、ぼくたちはタバコをくわえながら、春の陽ののどかな中庭に出た。ぼくは南国の高等学校の生徒だった。そしてぼくの背後から、小うるさく手紙を廻してくるのは、四年修了で高校に入ってきた、背のひくい、頭の大きな男で、一向そうは見えないのだが、秀才だという評判であった。旧制の高校に入ったばかりの頃には、誰でも自分が秀才だという妄想にとりつかれているものだが、ぼくもその例外でなかったから、他人の才能なぞ、てんで認めはしなかった。しかし、その年の終り、クラスで出したガリ版雑誌に、かれの小説を読んだとき、ぼくは「ひょっとするとこいつは秀才かもしれん」と疑った。三年生になった時かれはまた、文藝部雑誌に小説とも詩ともつかぬものを書いた。それは、「ららららん」と題する人を喰った作品だったが、それによって、旧制高校というミクロコスモスの中で、かれは一躍英雄となった。しかし、その頃は、ぼくもまたちょっとした英雄であった。しかし、ぼくの場合は、しょっちゅう学校をサボることと、毎夜街に酒を飲みに行き放歌高吟することによって獲得した栄誉であった。一夜、英雄が英雄を訪ねると、かれは太宰治から来た手紙を見せた。「切手を貼らないで手紙出したら、こんな返事くれやがって。バカだよあいつ。わざわざ不足料はらったらしいぜ」と言った。当時、太宰治は処女作『晩年』を出したばかりの新進作家であった」。

出隆『哲学以前』は、倉田百三『愛と認識との出発』、西田幾多郎『善の研究』、阿部次郎『三太郎の日記』と並んで、旧制高校の生徒の必読の書と目されていた。伊達得夫もこうして旧制高校の教養主義の洗礼を受けたのであろう。背後から手紙を寄こした級友は福田正次郎、後の那珂太郎にちがいない。伊達得夫は「毎夜街に酒を飲みに行き放歌高吟」したという。誇張があるにしても、夜ごとに酒を飲みに街にくりだすほどに、小遣いに不自由していなかったらしい。そのことからも植民地の技術者の暮らし向きが推察できるであろう。

おそらく、福岡高校在学中に、彼は文学に親しむようになったものと思われるが、彼が友人のQの肖像画を描いたこと、その肖像画を島尾敏雄が持っていたことなどが回想されているが、どのように文学的素養を身につけたか、ことに、私としては、書肆ユリイカを創立してすぐに中原中也訳『ランボオ詩集』、牧野信一『心象風景』などを刊行したことから、彼が中原中也、牧野信一等をいつ、どのようにして知ったかに関心をもっている。長谷川郁夫『われ発見せり』には、中原中也の詩集『在りし日の歌』が「博多の積文館という書店の最上段の棚にならんでいた」とあり、これを伊達の級友が買い、伊達はそれを借りて『在りし日の歌』を読み、「翌年「山羊の歌」を収録した河出書房の三巻本の「現代詩集」が出たときには飛びつくおもいでそれを買った」と書かれている。長谷川郁夫のこの記述が信用できるとは考えない。何となれば、『現代詩集』は『山羊の歌』から一九篇、『在りし日の歌』から一〇篇、合計二九篇を神保光太郎が選んで収録した選詩集であり、『山羊の歌』の全部を収録しているわけではないからである。それ故、長谷川郁夫が『現代詩集』を見ているかどうか、私は疑問を感じる。また、伊達の当時書いたものに、中原中也の影響らしいものはまったく認められない。しかし、彼も人並みに旧制高校の生徒として、教養主義の洗礼を受け、自由で放埒な生活を享受したらしい。

そこで彼の文学に関心をもった最初の証拠としては、「青々」創刊号に彼が発表した小説「手紙を見せる女」を検討しなければなるまい。「青々」は創刊号から第五号まで刊行され、発見されなかった第二号を除く、創刊号、第三号から終刊号となった第五号までを復刻した合本が一九八一年に刊行されている。これには「青々」という雑誌名の下に「旧制福岡高等学校文化乙類第一七回生」と記載されている。この雑誌は謄写版印刷であり、同級生の積立金をその製作費用にあてたもののようである。福岡高校は青陵と称していたらしい。旧制一高が向丘にちなんで向陵と称したのに倣ったのではないか。この青陵から「青々」と題名が選ばれたのではないか、と私は想像している。そこで、「手紙を見せる女」だが、これは、のぶ子という女性をめぐる小説である。保吉という主人公はのぶ子から四通の手紙を見せられ、読むように迫られる。手紙の筆者はのぶ子から絶交を言い渡されたのに諦めきれず、綿々たる思いを綴った手紙を書く。思いがけず、返事を貰ったので、二通目の手紙を書き、結局、四通の手紙を書き、四通目の手紙で、自分のお願いは、ただもう一度交際してくださいということです、という。のぶ子は自分が貰いたかったのは四通目の手紙だった、と言い、その四通の手紙の筆者は酒を飲み、血を吐いて死んだと主人公に教える。主人公は、おれはのぶ子を本当に恋しているのか、なぜ、のぶ子は四通の手紙を見せたのか、などと思いわずらう。二、三日後に彼らはまた会う。のぶ子は見合いすることになったと主人公に告げる。彼女は恋愛と結婚は別とわりきっている。恋愛は偶然、結婚は必然だという。主人公に対して、貴方は恋するにはいい人だけれども、結婚の相手としては不似合だ、と言われる。主人公はのぶ子に別れようと言いながらも、理性を失った恋と理性的な功利的な恋があると考え、真実の恋とは何か、を考える。彼はハイネの詩を思いだす。

日のごと静やかに安らかに
恋人よ、君はさまよひ
たゞ胸の君の影像のみ
わが胸の騒立つまゝにふるへつつ

主人公はのぶ子のあとを追い、彼女に、僕は貴女を愛していた。結婚したまえ、幸福を祈るよ、などと告げて、走り去る。のぶ子は主人公が落としていった手拭を拾いあげ、首に巻いてみる、という場面で終る。

これは一九三九年、伊達が高校二年のときの作である。観念的、抽象的に愛を考え、恋を考え、結婚を考え、これらの観念に翻弄される人物たちを描いているのだが、翻弄されているのは作者自身かもしれない。ひどく現実感に乏しい習作である。ただ、こうした苦悩も旧制高校生らしいといえば旧制高校生らしい作品である。

「青々」創刊号には六葉の写真が掲載されているが、伊達はそのアルバム制作の委員を担当していたようである。創刊号に寄せた「あるばむ報告の記」はまったく非文学的な文章だが、若き伊達得夫の人柄を偲ばせる、諧謔に富んだ達意の文章と私は考える。全文以下のとおりである。

「委員といふ肩書きは私は嫌である。委員に限らない。どんな立派に見える肩書きでも私は虫が好かない。いはんや、あるばむ委員など〻称する肩書きに於てをやである。しかし委員といふ肩書きは何時の間にか私の肩にのつかつた。だからこれを書かねばならない。あるばむ報告の第一回はこの前プリントにすつて渡した筈である。だからもう未納者の名を上げたりする様な野暮なことはしない。だから諸君も、「筆者自身何かしらうしろめたいものを感ずるからだ」などと云ふ野暮なことは考へないで呉れ給へ。

しかし積立金の不成績なことは事実である。諸君の良心に訴へるや切。

あるばむの表紙は物資統制の際だから期待出来ないものに案外なるかも知れない。インチキな皮か下駄の様なイタか――しかしさう言つたとて嘆くことははない。嘆いてもしかたのないことである。これは私達委員の悪いのでも安本のオヤジが悪いのでもないのだ。

博多織でやらうといふ手もある。しかしこれは相当金がかゝる――「まゝならぬ世の中ぢや。」うらぶれし頃の後藤又兵衛の嘆きが忽然として湧き上る。さて表題であるが、之は諸君に作つてもらふことにしよう。

写真は三年になつたらバタ〳〵とうつしてしまふから委員が少々威張つて命令を下すことがあるかも知れないがおとなしく従つて呉れ給へ。委員だつて苦労してるんだ。こんな愚にもつかぬ様な報告書を書くためにさへ六さんの予習を今日も余儀なくサボつてるんだ。他はおして知るべし、おさへて感ずべしである。「なるべく進んで写真にうつる様にすること。」おれは生れつき顔がまづいからなどゝニヒリスチックなことを云ふべからず。私達の組にはあんまり顔のとゝのつたのは居ない筈だ。怒るなよ、鏡なら俺のところにあらあ。

考へて見るに今迄の写真はどうも後者がかたよりすぎたきらひがある。まるで松竹の映画の様だ。どん〳〵出てうつる様にし給へ。どうせ貫はぢやならぬあるばむである。結婚してからフラウに見せるやうな場合でも見せる甲斐があるぜ。

それからこれは別の話であるが、高校廃止論の載つてゐる新聞（大学新聞でもいゝ）をもし諸君のうち誰か持つて居るものがあつたら持つて来て呉れないか。

外は寒い。マドガラスを二十年来の寒風が遠慮なく揺つて居る。白線よ、
来年の今頃はこのアルバムも完成に近いであらう。うやゝ感慨無量である。
あゝ青春よ、おゝ白線よ。
誰だ、センチメンタルな叫びを上げるのは。ヘルマン・ヘッセぢやあるまい。
（一旦二十五日　T.D. 記）」。

ただ、彼は福岡高校の在学中かなり文学に心を傾けていたらしいのに、京都大学経済学部に進学したことに、私は若干ふれておきたい。それにはいくつかの理由が考えられるであろう。まず、やはり父重吉の意向を考慮したのではないか。彼自身が文学で身を立てる程自分の才能に自信がなかったかもしれない。京都大学経済学部への進学は堅実に人生を渡ろうという彼の意図もありえたにちがいない。

京都大学時代の伊達得夫については章をあらためて描くこととする。また、徴兵され初年兵としての、内モンゴルの駐屯地における体験については彼が「青々」第五号に寄稿した「風と雁と馬蓮花」にしたがって、別に章をあらためて描くこととし、一挙に彼が見習士官として岐阜県に勤務した時期に飛んで、記述することとする。

＊

見習士官となった伊達得夫は、内モンゴルの駐屯地における初年兵の時代とは雲泥の違いのある、いわば閑雅な身分であったようである。『ユリイカ抄』の「青春不毛」の章から引用する。

「長い長い戦争が終った日、ぼくは岐阜県の山村で陸軍倉庫の経理官だった。階級は見習士官。建築用資材や燃料を空襲に備えて分散格納するのがぼくの仕事で、部下は庫手と呼ばれる軍属の少年と二、三人の少女だけだった。雑音しか聞えないラジオの前で、しかしこれが終戦の詔勅だと教えられたとき、少年と少女たちはぼくをとりまいて泣いた。泣くな泣くな、とぼくは言うしかなかったが、少女の一人は「見習士官殿はピストルお持ちでしょ。あたしを殺して」と逆上したりした」。

文章の途中だが、私は少女が逆上したわけではないと考える、日本陸軍が中国大陸の占領地で行ってきた無数の暴行からみて、当然、女性たちは占領軍に凌辱されるものと考えていたのであった。幸いにして、内地ではアメリカ軍による組織的な乱暴狼藉はなかったが、「満洲」に侵入したソ連軍による暴行については証言が数多い。少女の「あたしを殺して」という願いは、占領軍の乱暴から貞操を守りたいという涙ぐましい切望から出たものであった。伊達の文章の引用を続ける。

「ぼくたちの所属する経理部は名古屋にあって、静岡県と岐阜県とに多くの倉庫を分散していた。終戦の翌々日、各倉庫の担当官が全員本部に集められ、今後の処置について指示されたが、その会合のあと、静岡県の天竜川沿いのある倉庫を受持っていた男がぼくを呼びとめた。「おまえ、軍隊が解散したらどうするつもりだ？　都会はひでえ食糧難だしうかうかしてたらアメリカの奴隷にされるぜ。山にこもらねえか。おれの倉庫のある所は木樵部落だが、ちょっと風流な所だ。どうだ。一緒に二、三年山ごもりして様子を見ようや」ぼくはちょっと考えて、同意した。ぼくの家族は全部朝鮮にいた。新聞の伝えるところでは、朝鮮在留の邦人はいつ帰国できるかわからない状況にあった。軍隊が解散したらぼくは全く行き処がないのだった。ぼくは数日のうちに三俵の米と一俵の芋をトラックにつんでその天竜川沿いの村に運んだ。軍隊の残務整理が終ったらすぐ行けるように、ともかく当座の食糧だけ用意しておこうと思ったのだ。しかしあえぎあえぎその村にトラックが辿りついたとき、先日の男がニタニタわらってぼくを迎えた。

「ああ来よったか」

「米だけ持って来ておいたよ。何処かに置いといてくれ」

「それがなあ、おれはやっぱり東京へ行くことにしたよ。入隊する前に勤めてた銀行に問合わせたら、すぐ帰って来いっていうんでなあ」

その夜、ぼくはその村から一里ほど川下の町の旅籠で、ひとり地酒をのんでいた。結婚でもしようか、と唐突に思った。そのときのぼくには、今後いったい何をしたらいいのか、まったく思いつかなかったのだ」。

この伊達得夫の回想を読みながら、思いだし、考えることが多い。敗戦と同時に日本陸軍の秩序は完全に崩壊した。日本陸軍の秩序はもっぱら指揮命令によって維持されており、しかも、上官が必ずしも部下を掌握できるとは限らなかった。敗戦によって、まったく無秩序になった。伊達得夫が天竜川沿いの集落に運んだ米も芋も厳密にいえば陸軍の所有であり、国有の資産である。それを勝手に持ち出すことは窃盗である。しかし、誰もそんな意識はもたなかった。私の住む大宮にも中島飛行機の工場があり、工場には多くの物資があった。私の知人が、毎夜、その倉庫から物資を運び出しているという噂があった。じっさい、その知人の家にはヤミ物資が山のように積まれていた。もっと大がかりに大量の物資が隠匿されることも多かった。そのため、戦後しばらく、隠匿物資の摘発がしきりに行われた。戦後のそうした無秩序を思いおこすと、私は、われわれの秩序は自発的な自治によって維持できるものではなく、結局、強制されなければ維持できない、そんな脆弱なものなのではないか、と感じることが多い。

*

私は京都の地理に暗いので、百合さんからお聞きしたことが正確に理解できているかどうか、覚束ないのだが、京都大学に近い吉田山に永井薬局という薬局があった。永井薬局は京都の店屋によくあるように、間口の狭く、奥行きの深い敷地に建っていたという。伊達得夫が結婚した田鶴子夫人は永井薬局の長女であった。

彼女には従姉があり、伊達得夫はその従姉の家庭教師をしていたことがあった。そういう関係から田鶴子さんと知り合ったという。田鶴子さんはその従姉の兄にあたる人にひそかに思いを寄せていたが、その方は戦時中に戦死していた。「風と雁と馬連花」の中に、初年兵の伊達得夫が内モンゴルの駐屯地でT女からの慰問の手紙を待ちこがれる一節がある。伊達得夫の潤色でないとすれば、彼女と伊達得夫との間には、京都大学在学中、入営以前から、彼女から慰問の手紙を貰ってもふしぎでない、心の通い合いがあったのであろう。終戦時、岐阜の山中で唐突に結婚しようか、と思ったとき、伊達得夫の脳裏には当然永井田鶴子さんが浮かんでいたにちがいない。

伊達得夫とすれば、終戦になったからといって、何処に帰る場所もない。縁のふかいのは、卒業して入営するまで暮らしていた京都以外にない。伊達得夫は京都に帰った。そして、永井田鶴子さんに結婚を申込んだ。田鶴子さんと永井家は結婚を承諾したにちがいない。しかし、伊達得夫に定職がなければ所帯ももてないので、職探しに伊達得夫がまず上京した。やがて前田出版社に就職することになるが、じつは、前田出版社に就職する以前、少年院に勤めたことがあったという。これは後に稲垣足穂と結婚することとなる篠原志代さんの世話によるのではないか、と想像される。篠原さんは京都府の初代児童福祉司をつとめたりしていたので、そうした縁故が考えられるわけである、そこで、田鶴子さんは上京して、結婚、所帯をもつこととなった。

彼らは向島の花街の中の二階家の二階に間借りして生活しはじめた。私が彼らを訪ねたのはおそらく『死人覚え書』が出版された前後であった。京人形のように可愛らしい、初々しい若妻であった。向島という地域がなまめいているが、その一角に匂い立つような若夫婦の所帯だという感じを私はもったのであった。

なお、永井薬局は店舗はしめているが、しもた屋になっている家にはいまだに田鶴子夫人の妹が住んでいるそうである。

この文章は、ここで終ってもよいのだが、一言だけつけ加える。伊達得夫は二人のお嬢さんを溺愛していた。休日にお嬢さんと遊ぶことが彼の無上の愉しみであった。あるいは書肆ユリイカの苦労から解放されるためだったかもしれない。百合さんの話では、父と遊んであげないと父が気の毒なので、お友達との約束を破ることも始終だったという。これは美談といってよい。

（二）京都大学の伊達得夫

（1）京都帝国大学新聞掲載の論説等

伊達得夫は一九四一（昭和一六）年四月、京都帝国大学経済学部に進学した。伊達は一九二〇（大正九）年九月生まれだから、二〇歳であった。日中戦争が泥沼化しており、真珠湾攻撃によりアジア太平洋戦争に発展するのも間近い時期であった。同年一一月二〇日刊の京都帝国大学新聞（以下、京大新聞という）に寄稿した「知性の感傷」と題する論説をはじめ、二篇の随筆、二本の映画評を寄稿している。これらの論説、随筆等は彼の京都大学在学中の思想を窺わせるものといってよい。そこで、まずこれらを一瞥することとする。

＊

右記の「知性の感傷」は「「回想と決意」を駁す」と副題されており、筆者は伊達河太郎という名義である。副題から見られるとおり、前号の京大新聞に掲載された「回想と決意」と題する論説に対する反論である。全文六枚ほどの短い論説なので、全文を引用したい。ただ私が目にしているのは縮刷版なのでかなりの文字が判読困難であり、私の読み誤りがあるかもしれないし、数行にわたり文意を解読できない箇所があるので、そういう箇所は省略する。以下の引用中「中略」と記したのはそういう箇所である。しかし、伊達の論旨は理解できるはずである。

「戦争は詩ではない。

人間の本能が、歴史を鮮血で色塗つたのだ。戦争的精神は必然から必然へ人間を駆りたてゝ行つた幾多の論理によって、人間は人間から本能といふ言葉を切りはなさうとして努力して来た。いろ〳〵の言葉が「本能」を蔽ひかくす衣裳として作られた。フイクションはフイクションを生み、そしてそれらのフイクションの累積の底に秘められて「本能」は何時か人間に忘れられた。人間は人間であることを忘れたのだ。無謀にも人間は人間としての土台を離れ、神性の高みに攀ぢた。衆人はキリストを神の子とたゝへたが、キリスト自身は、おのれを人の子と称してはゞからなかつた。

こゝに人間キリストの偉大さがある。この偉大さの前に我々は反省せねばならぬ。何故我々は今まで、本能を醜悪なものと無意識にでも考へて来たのか。私はそれを知性の感傷だと考へたい。咲き誇る文化の華を人間は美しいと云ひ野性的本能を醜悪と称した。この思想に反撥して、取り澄した知性に、現実をつきつけたのは自然主義文学である。

我々のどうにもならぬ現実としての本能、それは美醜の問題を超えてゐる。相対の論理を超え、超然として人間に君臨するのだ。その人間にとつて、戦争は本能だといふことは、何等の説明を要しない明白な事実である。

前号の本紙の投稿「回想と決意」に於て、峯晃巌氏は戦争を「鮮血で溢れた壮厳な詩」と云つてゐる。知性のむなしい衣装を以て真裸の「本能」を飾らうとしてゐるのだ。インテリゲンチヤは詩の為に生命を捨てることに、美しい夢幻を想つた。だが、何故我々は詩の為でなければ死ねないのか。知つてゐる。私は人間の虚構のかなしさを知つてゐる。（中略）人間的あまりに人間的なる苦悩はこの虚構から陽炎のやうに立ちのぼつた。

戦争を詩とのみ解し、その詩に殉じようといふ決意は、この人間の虚構の華である。戦争は本能の必然なのだ。夢もなければ幻想もない。きびしい本能としての必然。何等の仲介を許さないのだ。この現実面に目をそむけ、いたづらな抒情主義的な詩情に憧れる姿は余りにも安易だ。其処から生れた回想としての決意。其等は知性のかなしさの生んだことばにすぎない。峯晃巌氏の気持ちが判らないのではない。インテリゲンチヤとしての脆さを露呈したあの一文に対して、私はある意味で深い感銘を覚えた。

だが然し、戦争は感傷でない。この我々につきつけられたれつきとした事実のまへに、インテリゲンチヤの感傷など、コホロギの如くみじめだ。どうして、知性は本能を肯定し得ないのか。戦争を本能として肯定し、その本能の故に敢然として死ぬことが、どうしてインテリゲンチヤには不満なのだらうか。此処に一つの型にはまつた老いたるロマンチズムがあるのだ。型にはまらない思想としてのロマンチズムは、自らその「無型の型」にはまつてしまつたのだ。ロマンチズムの自殺。

此処にこそ、かくして、我々は新しいものを求めねばならない。

嘗てバイロンやクライストは自己のロマンチズムのために敢然と戦ふことが出来た。だが、それはもう過去の物語だ。我々の現実としての戦争を反省する時、我々はすでに、バイロンでもなければ、クライストでもない。頭上にひるがへる羽毛の兜もなければ胸に輝く青銅の鎧もない。（中略）現下の戦争が厳しい現実として我々に迫る時、我々が昔ながらの感傷の怠慢を繰り返すだけでいゝのか。

現実を見詰めるのだ。涙ふりきつて、我々は真実を認めよう。かくして其処に諦念は生れる。（中略）モラアル以前、倫理以前の人間へ復帰するのだ。この諦念こそ、本能を純化するであらう。あるものをあるがまゝに認める素朴さが、確かに純化への過程に違ひない。

知性の感傷を前提として立てられた峯晃巌氏の論理は、その故にまた反論理であり得ない。

一死以て君国に奉ずる決意を作るために峯氏は回想をその手段とする。これだけのことで果して真の諦念が生れ、真の決意が生れるであらうか。歴史への回想といふことはインテリゲンチヤのすなほな癖である。歴史といふ言葉が持つ荘重な響きはそれを語る人にも、それを聞かされる人にもなにかはつと安堵めいた気持をおこさせるものなのだ。それで救はれたと信ずるこれこそ自己欺瞞だ。

歴史の表面だけを信仰するといふことが一つの政治手段として、行き詰まつた科学主義に対抗して樹てられた。この手段は或は当を得たものであつたかも知れない。

ドイツは、「血と土」を以て団結し偉大なるゲルマンよと高らかに叫ぶけれど、学徒としての我々まで、その叫びに共鳴し、一時的な感傷から、歴史の表面的な理解に隠れてはならない。血を以てつながるといふ言葉に甘えるのも感傷の一つである。感傷から諦念は生れない。同時にまた、真の決意も生れない。

峯晃巌氏の論は、所詮知性の感傷である。感傷のする一人芝居、そして自己欺瞞。「事変っ子」としての我々であるならば、最早や感傷の涙に視界をぼかしてゐてはならぬ。

かなしくとも、必然の流れに立つ限り、我々は、真実の冷酷を見詰めて行かう。其処にこそ真の諦念は生れ、真の決意は生れるであらう」。

真珠湾攻撃などによるアジア太平洋戦争への発展まで一カ月にみたない時期において、この文章で伊達が語っていることは、いかにして死を決意すべきか、ということである。文意をかなり理解しにくい文章がいくつか存在するのは私が文字を読み違えているためかもしれない。そのことについては読者のご容赦を願うより致し方ないのだが、この伊達の文章の真摯さは納得できるであろう。後年の伊達得夫の俗社会を超越しているかにみえた態度はこの文章には認められない。ひたむきに死の決意に至る筋道をうち立てようとしている。そう感じると、私はいささか涙ぐましい気持に襲われるのだが、それはともかくとして、論理が必ずしも明晰といえないにしても、この文章は断定的であり、歯切れが良い。これも後年の書肆ユリイカにおける伊達の姿勢とはかなりに違っている。そのことにも私は感慨を覚える。

伊達は「戦争は詩ではない」と書きはじめている。戦争は人間の本能から起ったのだという。伊達は言及していないけれども、大東亜共栄圏といったような、当時日中戦争からアジア太平洋戦争への発展を正当化する論理がいろいろ唱えられていたが、そうした論理で戦争が起こったのではない。人間の本能として起こったのであり、本能は美醜の問題以前の人間性の現実である。伊達が「取り澄した知性に、現実をつきつけたのは自然主義文学である」と言って自然主義文学をひきあいに出したのは唐突の感を免れないが、自然主義文学こそが現実＝本能と正面から向き合ってこれを描いているという理解にもとづくであろう。

伊達は、戦争を壮厳な詩としてとらえている、前号の詩論「回想と決意」の筆者に対して、「何故我々は詩の為でなければ死ねないのか」と問いかける。戦争を詩と解し、詩のために殉じようという決意は、人間のフィクションである、と伊達はいう。彼は日本浪曼派にふれていないけれども、前号の論説の筆者は、あるいは日本浪曼派の影響下にあったのかもしれない。厳しい本能としての必然的帰結である戦争に殉じるのに抒情主義的詩情は無縁だ、と伊達は言っているかにみえる。

若い伊達はまた「戦争を本能として肯定し、その本能の故に敢然として死ぬことが、どうしてインテリゲンチヤには不満なのだらうか」と問いかける。そして、現実を見つめるとき「諦念」が生まれる、という。伊達はあるものをあるがままに認めるとき、精神が純粋になり、諦念が生まれ、死への決意が生まれる、と説いているかにみえる。

「かなしくとも、必然の流れに立つ限り、我々は真実の冷酷を見詰めて行かう。其処にこそ真の諦念は生れ、真の決意は生れるであらう」という、この論説の結びを読むとき、人間の本能の必然的帰結として戦争を見ることとは、冷酷な真実を見つめることであり、それは悲哀にみちたことだが、これを歴史的必然と認めるとき、諦めもつき、死への決意も生じるのだ、と説く。この苦悩にみちた若い伊達の表情を想いうかべずにはいられない。ここには、近い時期に戦争によって死を迎えねばならない運命にある自己を凝視する青年のけなげで真摯な思考があり、この時代に生きた青年たちの切実な生を思うと、いたたまれない思いに駆られる。

日中戦争は人間の本能から起こったわけではない。中国に対する日本の帝国主義的侵略戦争であった。こうした後年、私たちの常識となっている歴史観で、この文章を批判することはやさしい。しかし、かりにそうした史観を伊達が抱いていたとしても、やがて徴兵され、戦場へ赴くことになるであろうと予期していた若い伊達得夫にはいかなる意味ももたなかったであろう。こうした彼の考え方が変化するには彼の戦争体験を待たなければならない。

＊

伊達は一九四二（昭和一七）年八月五日刊の京大新聞三五一号に、やはり伊達河太郎という名で「ちひさい話」という随筆を発表している。

「米人、G・ポッター氏は僕がF高等学校の三年の頃、日本に渡つて来た。そのころ何故だか知らないけれど、F高の外人教師はつぎつぎに変つて、ポッターがF高に赴任したのは、僕達が迎へた五人目の外人であつた。そして、その五人の中で、ポッター氏はいちばん若かつた。金いろの髪をうしろになでつけて、滴るばかりの青色の背広を颯爽と着てゐた。ロンドンの大学を出たばかりの文学士であつた。せせらぎのやうに美しいアクセントで、彼は最初の時間から、近代英文学思想の講義を初めた。怠けものの生徒であつた僕は、半ば居眠りながら、その流れるやうな英語を聞いてゐたのであるが、またある日は、教壇に立つと、とつぜん「私は独身である。私は甚だ孤独である」とリリイクな調子で語つた。茶目気の多い生徒がくす〳〵と笑ひだしたが、彼は教室の窓から、ちらと青空を見上げたきりで、うれはしげに言葉をつないだ。「私はF市に来てひとりの友達もゐない。海のそばだから、波の声がセンチメンタルで寝られない。日本の風景は、あんまり美しすぎて、外人官舎は広すぎて、私一人、始終二階へ上つたり下りたり、うろ〳〵してゐる。海のそ異国人には、かなしくてたまらない。」高校生は、みんな感傷的ヒューマニストである。異国の言葉で語られた異国人の哀愁に、何か神聖なものでも見るやうな気がした。それからポッター氏は白い西洋紙をくばつて、教室の窓に背をもたれさせながら「たそがれに、ぼんやり窓辺で、海を見てゐるひとりの外人について、といふ自由作文を書いて下さい」といつた。いつせいに、生徒達は、ペンをきしませながら、感傷的な単語を横に綴つたことであつた。秋の午後には、カッターシャツ一枚で、自転車に乗つて、お堀端のペーヴメントを走つて居ることもあつた。「ハロー」と呼びかけたら「ハロー」と答へて、ハンドルを持つ片手を高く振つた。外人の肉体的な裸体さの故か、若々しさの金色の秋日の下にはねかへつて来る響きがあつた。去年の夏、僕はもうF高を卒業してゐたけれど、F地方の新聞で、彼が大の親日家になつてゐることを知つた。羽織、袴で、F市のメインストリートを散歩してゐる三段抜きの写真が出て居た。日本の武士道を研究してゐるといふ、談話も載せてあつた。そのころは、もう日英米間の空気は極度に緊張してゐたゆゑ、彼のキモノ姿の写真は、むしろ卑屈なポオズとして僕の目にはうつつたのであつたが。それから半歳。大東亜戦争の勃発と共に、彼は一時官憲に抑留されて居たが、今度日米交換船で、三年ぶりにふるさとへ帰ることになつた。

――きのふ郷里から輸送されたF日々新聞の三面に、僕はまた彼の写真を見た。今度は一段で、小さく顔だけ載つてゐた。彼が幸ひにも交換船で、故郷へ帰ることが出来た事が報ぜられ、そのあとに、彼を訪うた一記者への返答が親日家ポッター氏の談話として、次の様に五行の活字に組まれてあつた。

「私は、日本滞在の三年間に得た唯一のものである武士道の大和魂の精神を以て、帰国すると同時に米国軍に身を投じて戦ひます。」

敵ながらあつぱれ――そんな言葉を、ふつと思ひ出したけれど、そんな言葉で言ひ現せる感情ではなかつた。戦争のたくましく、大きな意志を思つた。たつた五行の活字は恐らく、現代の人間の言ひ得る頂点の言葉であつた。僕は彼がどの程度に武士道精神を体得したかは知らない。しかし、敵国の記者の前でしかも敗戦国の悲哀を身にしみて感じてゐるであらう彼が、胸はつて答へたに違ひないこの短い言葉には、何か尊いものすら感じられるではないか。三年前敵国の高校生の前で、うれはしげに「私は甚だ孤独である」と言つた時のことを、僕は思ひ出してゐた。あの碧い眼の美しいまでの哀しさは、郷里の新聞を見入る僕の心に鮮かによみがへつた。夫から再び僕は、戦争の偉大な意志について思ひをめぐらしたのであつた。

――と、F高を出身したW君が、たそがれに、僕の下宿の部屋で、煙草をくゆらしながら話してくれたのである。その日、日本の新聞はいつせいに、一面に堂々と、ビルマ戦線の総合戦果を発表してゐた」。

この随筆にも私の文字の読み間違いが二、三あるかもしれない。そうおことわりした上で、若干つけ加える。伊達は実家は京城（ソウル）にあり、F高、すなわち彼の母校福岡高校のあった福岡ではない。本文中、福岡をあたかも彼の郷里であるかの如く表現しているので、末尾に本文に記したことは友人の話ということにしたのであろう。

それよりも、この文章にみられる、伊達の文章における、人物観察のこまやかさ、人間描写のたくみさは、彼がごく若いときから生得の資質としてもっていたことが知られるであろう。それよりも、ポッター氏の言動に「何か尊いもの」を感じる、感受性の豊かさとヒューマニズムも、この若い日の伊達の随筆に見いだすことができるだろう。

この時点では、まだ日本人は戦勝国気分だったらしいことが窺えるが、ビルマ戦線の惨状は私たちが戦後になって知ったことだから、ポッター氏の母国を敗戦国と称した伊達の無智を誰も嗤うことはできまい。むしろ、戦争は本能と定義した前年の論説から「戦争の偉大な意志」というように認識が深化していることに注意してもよい。戦争はそれ自体が偉大な意志をもつ巨大な歯車のようなものであって、個人が、まして若い伊達のような者が、何とも左右できないまま、頭上に重くのしかかっていた。この時点で伊達はそのように戦争をとらえていたのではないか。

＊

伊達得夫は京大新聞に二回映画評も寄稿している。第一回は一九四二（昭和一七）年一〇月刊の第三五三号に掲載された河太郎の名による「鳥居強右衛門」である。

「鳥居強右衛門は戦国時代の武士の一人であつた。水練には驚くべく巧みであつた様であるが、その外には別段なんの取柄もない。しかしたゞその水練の巧みの故を以て密使の重大任務を負はされ、それから自らの命を捨てて城を救つた——かうした陳腐きはまる事件を取上げたのが映画「鳥居強右衛門」である。それは複雑な心理の描写もなければ波瀾万丈の筋書きもない。しかし、率直に言ふなら、私はこの陳腐平凡なる主題の映画に打たれた。

それは勿論、映画の美しさにあつた。俳優の巧みな演技もあつた。シルエットで描かれる山野の風景は、作者内田吐夢の独特な美しさを持つてゐた。嘗ての名作「土」で酔つ払つた農夫が土手道を大八車牽いてよろめきながら歩いてゐた光景を私達は思ひ出さう。あの時と同じ雰囲気が此処でも温く懐しく繰り返されるのである。あのかなしいまでの抒情歌——そして又、それは一転して山野に馬を駆る鎧武者のスペクタルともなる——。かうした舞台上の効果に私が捉へられたことは否めない。それから主演者としての小杉勇の演技にも……。

しかし私の心に響いたのはそんな限られたパノラマだけではない。それでは私は何故この映画に打たれたか。それは私にも解らなかった。しかし、その感銘は結局、この映画のテエマが平凡陳腐なものであつたことに原因があるのではないだらうか。謂はば、平凡なる故の特異性。現代文明といふものは、人間の末梢神経を刺戟するだけのものに堕落した。そして現代文明の典型としての映画藝術は、徒らに屈折した事件的興味と男女の微妙な心理とを描写することにつとめて来た。しかし私達はもう末梢神経の刺戟だけでは満足出来なくなつてゐる。華やかな夢も、私達を酔はせるにはもうあまりに空しい。現代の倫理が戦争に表現される限り、私達に、深刻に眉ひそめるポオズをむしろ安易と言はれねばならない。さうした私達の要求にこの映画は実に身近なものであつた。南の海にも北の野にも、鳥居強右衛門は殆ど無数に現在戦つてゐるに違ひないのだ。そしてたゞその故にのみ実感を以て私に迫つたのであらう。思へば、私達は今まで映画にこの世ならぬ幻影を見やうとして来た。そしてそれにもう飽きたのだ。戦争といふ偉大な現実の前に、私達はセンチメンタリズムを捨てなければならない。文章で書くと空々しい響しか持たないけれど、私に今更の様にからしたことを反省させたのはたゞ私の甘さの故ばかりであらうか。

兎に角私は、鳥居強右衛門が死を決して城内に援軍の到来を絶叫するシインのクローズアップの前に彼と声を合して心の内で「城内の方々、鳥居強右衛門でござるぞお」と叫んでゐる私自身を発見したのだつた」。

後年の伊達得夫を考えると、驚くべき高揚した文章である。映画評としては、もうすこしストーリーの紹介があってもよいだろうし、主題が平凡陳腐であるからこそ感銘したのだ、という反語的表現も現代の私たちには理解しにくい。

「土」も「鳥居強右衛門」も私の旧制中学に在学中封切られた映画だから、私自身これらの映画を封切当時に観ている。「土」は内田吐夢の代表作であるばかりか、戦前の日本映画の名作の一であろう。「土」が名作であるのは伊達が記しているようなシーンのためではない。農民の極度の貧困、荒々しい自然など長塚節の原作の冷酷なまでの眼差しで現実を眺める客観的描写が見事なまでに映像化されていたし、風見章子の可憐さも印象ふかいものであった。

私自身は「鳥居強右衛門」には興趣を覚えなかった。敵軍に囲まれて籠城している味方の軍勢に対し、援軍がいま接近しているのだと、濠を泳いで渡って絶叫して籠城している味方の軍勢を励まし、鳥居強右衛門自らは敵に射られて死ぬ、というストーリーであったように記憶している。自らを犠牲にして味方の多数を救う、という英雄譚であった。こうした自己犠牲がいわば大和魂の精髄として私たちの戦意を鼓舞した時代の作品であった。

伊達がこの映画のテーマが平凡陳腐であったと書いているのも、こうした時代的背景からの発言として理解できるし、この映画の末尾に至って、観客である伊達が鳥居強右衛門と一体化した激情を覚えるのも、じつは、私よりも七歳ほど年長の伊達の世代は戦場における死をよほど身近に感じていたからにちがいない。後にみるとおり、若い伊達には華々しい戦死に憧れた時期があったようである。この映画評もそういう心情を表現していると思われる。

もう一篇の映画評は一九四三年三月五日刊の第三六一号に掲載された「陸軍航空戦記」である。

「昭和十七年一日上旬から約半年にわたるビルマ戦線における陸軍航空部隊の戦闘の記録である。僕達は以前にマライ戦記を見、ビルマ戦記を見た。かういふ戦記映画に対して、僕は批評の言葉を知らない。カメラマンの技術に或ひは遺憾の点があつたとしても、しかし僕達の前に展開されるものが身命を賭しての戦闘であることを想ふときに、僕たちがどうして小ざかしい批判の嘴を入れることが出来よう。次々に出来た戦記映画を比較したり優劣を論じたりすること、それはあるひは僕達の学問の方法であつたかもしれないが、さうした比較根性はこの聖なる記録に対してあまりにも醜くはないか。僕は映画の藝術性を決して軽く視るものではないけれど、僕をして不覚にも泣かしめたものは、この映画の藝術性では決してなかつた。この映画の底に流れる意思への溢れるばかりの国民的共感が僕

に涙を誘つたのだ。しかし映画技術のカメラマンの藝術的感覚を問題にしてならないとい
ふものではない。それではカメラマンを侮辱したことにもなるのであらう。僕達がより完
全なものを求めることは当然である。しかしさうした問題はこの映画において決して決定
的な意味を持つものではない。この映画は製作者の言葉によれば「撃ちてし止まむ」の気
概を表現しようとしたのださうである。その気概が果して充分に表現されてゐるかどうか、
それには確かに疑問があるであらうが、さうした疑問は不思議にも僕をとらへなかつた。
僕は観客としてこの映画を見ようとは思はなかつた。ひとりの日本国民としてそして又や
がて干戈を把つて立つべき男の一人としてこの映画に対したのだ。そしてこの映画の中に
僕は日本国民の厳かな祈念がこもつてゐると思つた（河太郎）」。

これは映画評ではない。やがて武器を携えて戦場に赴き、死を待つ者の決意を語ってい
るにすぎない。ここまで追いつめられていた伊達の心境を思うと憐れでならない。なお、
余計なことかもしれないが、「撃ちてし止まむ」は『古事記』の神武天皇東征のさいの歌
謡中の句、討ち滅ぼしてやろう、の意であり、アジア太平洋戦争中、毎日くりかえし唱え
られていたスローガンである（『古事記』にある、例えば「みつみつし　久米の子らが　垣下
に　植ゑしはじかみ　口ひびく　われは忘れじ　撃ちてし止まむ」がその一例である。「みつみ

つし」はいかめしく強い、「久米の子ら」は久米部の連中、「はじかみ」は山椒、「口ひびく」は口がぴりぴりする痛みの意である)。

＊

京大新聞に掲載された伊達の最後の文章は一九四三年七月五日刊の第三六七号に寄稿した「卒業近き学生の記録——就職記」として題する、かなり気軽い筆致だが、「戦場に馳せる自分の英雄的な姿勢」などをも思いやっている随筆である。

「夜であつた。それもかなり遅く、下宿のすゝけた天井から湧く様に襲つて来る蚊になやまされながら、それでも猿又一つで、本を読んでゐたが、ふと思ひ立つて外へ出た。外は星空であつた。最近徴兵検査が済んだばかりで、まだ徴兵官の「第一乙種合格」といふ重々しい宣言が耳に残つてゐたから、かういふ星空の夜に想ふことは、戦場に馳せる自分の英雄的な姿勢であつた。又は露営に仮寐の夢を結ぶ幾分詩的な抒情風景でもあつた。一時間ほどぶら〳〵して自分の空想にかなり感激して下宿に戻つて来ると、消して出た筈の電燈がともつてゐて、それに部屋には誰も居なかつた」。

途中だが、この当時、若い伊達が「英雄的」な兵士ないし戦死を夢みていたことを確認しておきたい。引用を続ける。こうした気持を当時の伊達がもっていたことは、戦後の回想「颪と雁の馬蓮花」でも回顧されることを別に読むこととなるであろう。

「机の上に鉛筆の走り書きし「留守中に電報が参りました。」これは下宿の娘の字である。不器用なくづし方である。電報をとり上げて見ると「アス九ジメンカイスライシヤアレ○○カイシヤ」。ふうむと私は嘆声をもらして、唇を噛んだ。一寸気取つて見たわけである。誰も見てゐるわけでもないのに、気取つたのは私自身の心の動揺を自分にかくすつもりであつたのだらう。

もう一度くりかへしてその短い電文を読んだ。実はそのとき私は、もう採用許可が来た様な気がしてゐたのである。一寸そわそわした。さすがに、狭い部屋を行つたり来たりする稚戯は演じなかつたが、目の前に宏壮なビルディングが浮び、私はネクタイなど颪になびかせて、颯爽とアスファルトを闊歩してゐるではないか。だが次の瞬間に私は現実に引き戻されてゐた。鏡を開いて、ひげをそらうかと思つた。ズボンを寐おししておかう、靴はみがかなくてい丶だらうか。いろ〳〵考へて見たが結局何もせずに寐てしまつた。私の現在はさくばくとわびしかつたのである。断られるに違ひないといふ自信が私の夢想を追ひ払つた。

それに私が突撃せねばならぬ戦争のことも考へた。「戦死」の前には就職など愚かなことではないか。翌朝私は例になく早起きした。九時までに大阪に行かねばならなかつた。大阪に着いたらまだ八時過ぎであつた。私はほこりまみれの靴が気になつてしかたなかつたから、駅前の靴やで靴を磨かせた。出勤する人々の群が、ぞろぞろ私の傍を通つた。何故か、私はなるべく悠々とした態度で靴を磨かせてゐた。

会社の受付に申出ると、女の事務員が丁寧に応接室に案内してくれた。その室に既に十名の学生が居た。私の競争者である。じろりとながめたが、教室で屢々顔を合せる連中であつた。それから約二時間待たされ、一人づつさつきの娘に呼び出されて行つたが、一向私の番は来なかつた。多分学校の成績順なのであらう。窓から眺める風景にも飽きたし、部屋の額絵にも退屈した頃、私の名が呼ばれた。試験官に何を聞かれたかは書くまい。下らぬことばかりであつた。もしかしたら、私にだけ下らぬ事を聞いたのかも知れぬ。この部屋を出た時、私はいよ〳〵私の予想が適中したことを感じた。もう駄目だ。試験官の様子で大抵見当はつくのだ。「振られた、やられた」とつぶやきながら廊下を通りぬけ、それからふと、上にのぼつてみようかと思つた。屋上まで八階の階段を一気にのぼつた。頭上には太陽がさん〳〵とあたつて目もくらむばかりであつた。

私はその上で、大阪の煤けた空気を腹一杯呼吸し、そして、何故か可笑しくてならなかつたのである。この上から、あのペーヴメントに小便をしてやらうか。眼の下の豆粒の様に往来する人間を、そして立ち並ぶ巨大なビルディング――私が此処から小便しても、下に着く時には霞の様になつてしまふだらう。私はこみ上げる可笑しさを、どうにも出来なくて、にた〳〵と笑つてゐた。決して私は気が狂つたのではない。それは断言出来る。

河太郎」。

自己を客観的にみて戯画化した筆致、悪戯めいた諧謔による結末など、若い伊達得夫の文才を認めるに足りるだろう。

伊達はこの文章が掲載されて間もなく、一九四三年九月、京大経済学部を卒業している。本来であれば一九四四年三月に三年間学習して卒業するはずだったが、大学高専の生徒は半年早く繰り上げ卒業することとされていた。同年一〇月には理工系以外の学生の徴兵猶予が停止され、一〇月二七日には神宮外苑における学徒出陣の壮行会が催された。この文章が掲載された京大新聞も一面トップに大きく「我等、国防第一線へ」「学徒動員の体制成る」という大きな見出し、「国家の要請に応へよ　学生課長談」が掲載され、生産力増強のために学生動員の強化が報じられている。時局は日々逼迫していた。

「就職記」と題しているのだから、この面接試験により伊達は就職が決まったのであろう。入社したのは満洲航空という会社であった。同年一一月一二日に満洲偽帝国の首都新京（現在の長春）に赴任、翌年二月四日に本籍地静岡の連隊に入営するまでの二カ月余のごく短い勤務であった。

なお、この文章にも、また「知性の感傷」にも「陸軍航空戦記」にも、ペン書のマンガ風のカットが添えられている。筆者名の記載はないが、後年の雑誌『ユリイカ』のカットを思い合わせると、伊達の作であると考えられる。こうしたカットを描くのは彼の終生の趣味であった。

（2）雑誌「青々」に発表された小説等

私が手許で目にしているのは那珂太郎夫人の厚意により拝借した復刻版「青々」である。「青々」は伊達が福岡高等学校在学中に刊行された創刊号から一九四六年に刊行された第五号までの五冊が刊行されたはずだが、遺憾ながら、第二号が復刻版刊行のときに発見されていなかったため、第二号は収められていない。どの号にも奥付がないし、発行年月日が記載されていないので、正確な発行時は分からないが、第三号は同号中の住所録に「昭和十六年十月現在」とあるので、伊達が京都大学に入学した年の秋に刊行されたと思われる。この第三号に伊達得夫の本名で発表された小説「Paradox」は、おそらく彼の創作中もっともすぐれた作品と思われる。

「その夜、私は、月の光を、まつかうから浴びて、童謡を唄ふ、せむしの娘を見た。この異様な光景は、たゞそれだけで、看過することの出来ぬものであつた。私には恐ろしかつたキリキリと胸の奥にしみ透る強烈なさけの様に、私を刺激した。青い海の様に月の光のみなぎつた土堤道、松並木、キラキラ輝き流れる水、それからせむしの娘、それだけの妖しい一幕であつた」

と、この作品ははじまる。その後、ドン・キホーテの瀕死の床での言葉などを引き、「ドン・キホーテの夢は、ドン・キホーテの現実であつた。ここに人の世のからくりがある」、さらにアンデルセンの作品に言及して「童話は、「現実」の子である、現実の汚濁の子である。その故にまた、如何に美しい光をはなつてゐようとも、それは恐ろしい醜悪さをひめてゐる」といった感想が語られる。

その上で「その頃、私は、飽きたらぬ生活を送って居た。京都の画のやうに美しい風景は、わたしには歯痒かった。私は、軽薄なメカニズムの子ゆえ、なごやかな美しさといふものは、幻滅の悲哀以外の何物でもない」といった京都の風景への違和感が続き、下宿の窓から大原女の花売りの「間ののびた声に唾はきかけたい嫌悪を感じ」単衣一枚着流しで」街に出る。四条から京極、京極から四条と、ぐるぐる廻り、酒を飲み、「狂瀾怒濤の中に立ち」たいと思う。こうした「私」はココアを飲んだり、高校の卒業式の夜、「わが生、残りなく燃えつきよ」と念じたことを思いだしたり、彷徨し、そのあげく、下賀茂から上賀茂にわたる一里余りの、人通りの絶えた松の並木道を、月の光を浴びながら、歩き続ける。そこで、「私」は娘の唄ごえを聞く。「十二、三の兵児帯をしめた少女」の「透きとおる様に聞こえる歌は、また、月の光にすひこまれてしまふやうであつた」。

「さんさんたる月光をあびて、青い空気の中に、泳ぐやうな手を動かせて、少女はうたつてゐた。歌ひながら、少女はくるりと、おどるやうに身をかはすと、加茂の土堤を走り下つた。下は金色の流れである。少女はその流れのふちに真向から月の光をあびて立つた。私は、私の目を疑ひたかつた。くつきりと、輪郭を見せたその少女の形は、不気味な程、不自然であつた。私は、たうとうおそろしいものを見た。このたのしげに、間ののびした歌をうたふ少女は、せむしであつた。ひとに嫌はれ、さげすまれ、ただ、夜ふけのひととき、月に酔ふて歌ふせむしの少女であった。それは、最早や、美しさではなかつた。此の世の怨恨と憎悪と絶望と反抗と、それ等の感情からにじみ出た、水のやうに冷たい、結晶であつた。私の中にある不純なものは、この妖しい光景の前に、色を失つた。反省もなにもない、この一瞬、私の内には、真剣勝負の火花が散つた。立ちつくす私の前で、しかし少女は自由であつた」。

まだ、伊達の文章はすこし続くが省略する。童話に真実があるように、せむしの少女に作者は人間の真実を発見し、戦慄する。抒情的でありながら、深刻な人生の暗黒に迫った、この作品は佳作というに足りる。難をいえば、余計な箇所がかなり目立つことであろう。しかし、このとき、伊達が二一歳にすぎなかったことを考えれば、彼の早熟な文学的才能を認めるべきであろう。

＊

「青々」第四号は、おなじく住所録が「昭和十七年七月十日現在」になっているので、一九四二年春ころに執筆された作品を収録しているものと思われる。

第四号には「「志賀波」抄」と題されて七名の短歌と三名の俳句を収めているが、その中に、伊達得夫は、「黄昏の唄」と題して四首寄稿しているので、これらを読んでおきたい。

戦死した兵士の娘　たそがれに露地で手まりついてゐる
いもうとよお前に似た人形が、上諏訪の町しぐれ寒かつた

雀とぶ満人町のたそがれ、郷愁は泥土から立ちのぼる
電燈の灯はにぢんでお伽話に女はほろほろ泣いた

——信濃紀行より

後の第四首はともかく、一応の作である。こういう作品を読むと伊達得夫という人は何でも一通りはこなせる才人だったのだという感がふかい。これも私があらためて気付いたことである。第二首の上諏訪の歌には、田中冬二の詩に似た興趣があるが、まさか伊達が当時田中冬二を読んでいたとは思われない。

それ以上に驚くのは、これら四首がすべて口語短歌であるという事実である。口語短歌は戦後は別として、明治時代から試みられたが、戦前、もっとも盛んだったのは坪野哲久らのプロレタリア短歌においてであった。しかし、口語短歌は戦前は根づかなかった。そ

れには治安維持法により労働運動が壊滅したことが関係するかもしれない。伊達得夫が口語短歌を試みたのは一種の伝統に対する反抗的精神だったのではないか。これは書肆ユリイカの創業の精神にも通うはずである。

*

第四号に伊達得夫は「をさなことば」という長い詩を発表している。詩としては、読むにたえない作だが、彼の当時の生活の状況を自嘲的に描いているので、紹介する。

「ぼくの兄ちやん大学生なんだョ
それでネ、とつても
ねぼうなんだ
十時ごろ起きるんだョ
もうこのごろはネ
お母ちやんも黙つてるのさ
だつてネ

怒つたつて、ほんとは仕方ないんさ
もう大人だョ
ヒゲなんか生えてるんだもん

おおきな鞄持つてるョ
黒い革なんだ、
そしてネ、そん中に帳面一つ位しか
入れてないんだ
ぼく、その帳面そおつと見たんだョ
そしたら、びつくりしちやつた
英語ばつかり書いてるんかと思ったんだョ
だつてネ
小さい字で横にいつぱい書いてるんだもん
時々　女のひとの顔なんかもあつたョ
あんなのも習ふのかねえ

お母ちゃんに言つたら、お母ちゃん黙つてた、
そんなもん、見ちやいけないんだつて

本はたくさん持つてるんだ
だけど、きつと読んでやしないんだ
だつて、いつも寝てばつかり居るんだもん
うん　ひるねするんだヨ
だけどねむつてないんかもしれんのだヨ
だつて、おかしいのさ
この間ネ
ねてると思つてたら、目から涙が
つーつと流れたりしてるんだヨ
それからネ
きふに、おおきな声で、「三郎」つて呼ぶのさ
「なに?」つて言つたら

「タバコ買つて来い」つて、十銭くれてネ
それから
窓んとこ行つて
そつと涙ふいてるのさ

「ね、おばちやん、きつと大学なんて
たいくつなんだねえ」

＊

「青々」第四号には、伊達得夫は前記の短歌、詩だけでなく、「心象的雪景色」と題する小説も発表している。これは彼の思想が熟していないいま、興趣にまかせて書いた失敗作であると思われる。

まず、黄昏太郎という人物が登場し、永遠の乙女を夢想しながら、喫茶店でコーヒーを飲んでいる。外にはしんしんと雪が降りしきっている。彼は喫茶店を出て下宿に帰る。下宿の隣は寺である。寺の本堂はいつも雨戸が下がったままになっている。そのうしろには、数十本の卒塔婆と石碑とがある。石碑のかげから、赤い花模様の着物の少女が現れ、落葉を掃きはじめる。彼女と黄昏太郎とが視線を合わせ、会釈を交わした日から、黄昏太郎は彼女を恋した、という。喫茶店を出た黄昏太郎は寺の門の前で少女と出会い、挨拶した。彼女から声をかけられたが、間の抜けた返事しかできなかったことに彼は自己嫌悪を感じる。

下宿では二時間も前から河太郎が黄昏太郎を待っていた。すでに紹介した短歌は「黄昏の唄」と題されていた。黄昏太郎も河太郎もいずれも伊達得夫自身の分身にちがいない。黙って向かい合う彼らはたがいに甘え合い、憎み合っている。黄昏太郎は永遠の乙女と現実の寺の少女への恋との間で揺れている。二人の会話は河太郎が「女つてものは、くだらんもんだぜ、恋愛に到つては、お話にならん、くだらんよ、あゝ、くだらんとも！」という言葉で終り、やがて河太郎は黄昏太郎の下宿を立ち去る。こうして憤怒を抱きながら別れてはまた、二人は毎日顔を合せないではいられない関係である。

やがて黄昏太郎はうたた寝しなら、冷たい手をもつ女性を夢にみる。そのころ、河太郎は酒場で酒を飲んでいる。その酒場の女性との他愛ない会話の後、雪道を無限の空しさを感じながら、知った女性と出会うが、黙って歩き続ける。

翌日、黄昏太郎は寺の少女が発狂し、病院に入院したことを河太郎に話す。「語りながら、黄昏太郎は、またぼろぼろ泣いた。何故そんなに泣くのか、河太郎には不思議に思へて、ふふんと鼻先きで嘲はうとしたのだが、その途端に、なにかしら、河太郎にこみ上げるものがあつた」。「このまま黄昏太郎をだきしめて、この部屋をごろごろころがりまはりたい狂暴な欲望が、ふと、ふと脳裏をかすめた」と書かれている。

やがて、春がきて、黄昏太郎も河太郎も消えてしまったと作者はいう。作者はフランス人の男の子からタンポポの花を一輪貰う。末尾で作者を次のとおり描写して、この小説は終る。きわめて抒情的な文章である。

「その花を背にはさんで、歩きつゞけた。涙がにぢんだ。視野がぼけて、対象は黄色かつた。涙ぬぐつて、あゝ、考へるの止めよ、春の青空は、果てしなく美しかつた。その青にひたすら、吸ひこまれたかつた。一茎のタンポポで、ユキの今夜の物語は途切れたけれど、私はもう、それを惜しまない。一日にして春は来にけり、作者も亦、春の陽炎になつて、ゆらゆら、あの青空に消えてゆかねばならぬ」。

「六月十四日」という日付が記されている。一九四一（昭和一六）年、真珠湾攻撃により太平洋戦争に発展してからほぼ半年後の作である。伊達は自己の内部にかかえている、情熱的な性質、あるいは恋する自分、と、理性的な性質、恋する自分を冷静に見つめる自分、とを黄昏太郎と河太郎という二人の人物に造形するつもりだったのではないか。しかし、これら二人は彼の意図するようには描かれなかった。そのことを自覚して、抒情的にこの小説を結んだのではないか、と思われる。

（3）

京都大学新聞に寄稿した文章から、伊達得夫がその当時どんなことを考えていたかを、あらましながら、推測できるであろう。「青々」第三号、第四号に寄稿した小説等でこのころの彼の文学的資質をほぼ窺うことができるであろう。さて、生活については、下宿していたこと以外には、『ユリイカ抄』の中の「消えた人」という稲垣足穂を語った文章に次の一節がある。

「十五、六年前、ぼくは京都の大学生だった。そのころ、好奇心から西本願寺の経営する「少女感化院」に下宿していたことがある。単なる下宿人にすぎなかったが、収容されている少女たちから、ぼくは先生という敬称で呼ばれていた」とある。「青々」第三号、第四号の住所録の京都の下宿も同じではない。おそらくいくつかの下宿を転々としていたのであろう。

（三）「風と雁と馬蓮花《まあれんほわ》」

「風と雁と馬蓮花」は、伊達得夫が福岡高校在学中の学友たちの発行していた同人誌「青々」第五号に発表した彼の戦争体験記である。戦後に刊行された、この「青々」第五号は謄写版刷で、伊達自身が全文蠟紙に鉄筆で書いたといふ。この「青々」第五号の「編輯後記」も伊達が執筆した文章であり、次のとおりである。

「戦に破れてもう二年目の秋が来てゐる。僕たちが春浅き青陵に別つてから、指折りかぞへればもう五年の歳月が流れた。その間も、そしてこれからも、ストルムウントドラングの物語は、僕たちに果てそうもない。しかし、僕たちは、どの様な時代の波の中にあつても、「青々」といふ美しい言葉につながれたカメラ―デンシャフトを信じたい。そして、それを信ずる限り、僕達は、何物も恐れない。

僕たちが、東京や京都で、寮歌高唱してストームしながら、お互にお互を戦場に送るかなしいうたげを開いたとき、ちやうど三年後の今日、この様な形式の青々第五号が発行されることを、誰が予見しただらう。

×

大蔵誠也、大場潤一郎、玉井研輔、竹島武彦、古賀一達、武内久、石井広之、森二男の八名はすでに消息を絶つて久しい。小西公正は病死したと聞いてゐる。

×

集められた原稿を整理しながら、僕は感傷の言葉をとどめ難い。博多や東京の焼け跡の様に、僕の心の中にも、曲つた鉄骨と崩れたコンクリートの壁のむなしい寂寞がある」。

＊

「二十一年一月二日（東京にて　伊達）」と記された、この編輯後記から窺うことができる心境で、伊達はこの「風と雁と馬蓮花」を書き、蠟紙に鉄筆で文字を刻んだと思われる。

なお、この作品については「青々」第五号に発表した後も伊達得夫は多くの推敲を加えたものを遺している。「青々」は発見できなかった第二号を除き、創刊号、第三号ないし第五号までを収めた復刻版が一九九一年に刊行されているが、「風と雁と馬蓮花」については、伊達家所蔵の推敲版を伊達家の厚意により伊達百合さんから提供されたので、この推敲版を引用の典拠とすることとする（その他の「青々」公表の文章の引用は復刻版によっている）。

＊

一九四四年二月、彼の所属する部隊が内モンゴルの陰山という山脈の北側斜面の武川県城とよばれる小さな邑の兵舎に辿りつくまでの旅程の描写にはじまる。「極北の戦場への旅は長かつた。朝鮮から満洲、それから私達は夜おそく長城を越えた」という冒頭に続き、同じ第一章に次のとおり記されている。

「天津を越え、北京を過ぎ、張家口をぬけると、四周の風景はいよいよ暗く巨大になつた。累々と土のもり上つた山。それは天地創世のまゝのくらさだ。一本の木も草もない。轟々と風が荒れてゐることは、地表から立つ砂塵でそれと知れた。住民は獣の様に洞穴にひそんで、長い冬を耐えてゐた。(中略)軍用列車は、狂つた様に走りつづけるが、この虚無の風景は行けども行けども果しなくつづいた」。

この叙述は伊達の心象が反映しているにちがいない。彼はまさに「虚無」の世界へ旅立つ途次にあった。第一章は次の記述に終る。後に語られる挿話と関連するので引用する。

「私達は、車中で防禦被服を支給された。防寒帽と防寒外套と防寒脚絆と防寒靴であつた。どれも裏に一面に羊の毛がついてゐて、それを着ると、身動きも出来ないくらゐ厚ぼつたいのである。私に支給された防寒外套には胸の所にべつたりと血痕が染まつてゐた。幾度か弾丸の下をくぐつて来た外套に違ひない。なまぐさい戦場のにほひが、その外套からかげろうの様に立ちのぼつて、私は意味もなく、そのごわごわした血痕を撫でてゐた」。

伊達得夫は戦場に近づいていた。戦場の匂いが陽炎のように彼にまつわるのを感じていた。第二章は省く。第三章は伊達の兵舎のあった小さな邑、武川県城の説明である(多くの推敲が施されているので、判読できるかぎり推敲した後の文章による。以下の章についても同じとする)。冒頭は省略。

「泥をこねて作られたマッチ箱みたいな家屋が密集して、その周囲は、矢張り泥の城壁でかこまれてゐる。砂と山脈との風景の中に、その小さな邑は、そのまま童話の背景である。城門の櫓の上には、密教の偶像がまつつてあつたが、それは丹青を鮮かに塗られた泥人形で、またその櫓の周囲にはいちめんに赤や青の春聯がはられ、この城門のある邑を、いよいよ童話的な雰囲気にしてゐた。二月二十七日、山脈を這つて吹きつける風塵と共に、私達を満載した二台のトラックがこの城門をくゞつた。城内には、両側に泥の家がならんで、店をひらきその店の商売を標識する旗が、お祭の様に町並にひるがえつてゐた。駱駝を牽く行商人、賭博する少年たち、鶏を追ふ女、それらの風物の中を二台のトラックは揺れながら走つた。

この愛すべきさゝやかな邑は、しかし、私に感傷の隙を与へなかつた。一群の土壁の崩れかゝつた家の前に、トラックは喘ぎながら止つたが、それが、私達を待つ兵舎であつた。古年次兵は一列に並んで、私達をむかへた。私はその古年次兵の前に立つて、彼等の顔に深くしみてゐる、ほこりの色を見た。蒙古人の皮膚の色であつた。私達の頰も、やがてはあの様な燻んだ色が沁みつくのであらうか。私はま深くかぶつた防寒帽の下に、眼をぎらぎら光らせてゐた」。

いうまでもないが、伊達は入営したばかりの初年兵であり、最下級の兵卒であった。第四章は「Fへの葉書」と題する友人宛の手紙の引用だが、文中、

「書きたいことも、語りたいことも山の様にあるが、今は如何ともし難い。おれはすでに、一挺の銃であり、一口《フリ》の剣である。それゆえ、おれも銃剣のつめたい沈黙を守るしかない。(手紙呉れ。折あらば、俺も武勲を建てるかも知れない。貴様も頑張れ)」。

これは後の章に記されている心境と照らしあわせるとき、興味ふかい心情の告白である。

＊

伊達はひそかに日記をつけていた。この文章の第五章にある「一分間も腰を下すことの出来ない忙しさの中で、獣の様に肉体を動かしながら、私は、それでも、どうにかして、私自身を守らうと決心した。如何に身分は、初年兵といふ最低のクラスでも、しかし私の情操は高く、誇らかでなければならなかつた」ということがその動機であった。伊達の気高い精神に私は涙ぐむ思いでこれをひきうつしている。

この日記を書きつけた小さな手帳が古年次兵に発見され、伊達は教官のS少尉に呼びつけられる。同年輩のS少尉は「私の手帳をパラパラとめくりながら、お前は、こんなことを書いて、どう思つてゐるか、と問ふた。悪いとは思つてゐません、と私は答へた」という。この日記帳は結局伊達の手許に戻ったが「至る所インクで消してあるのはその夜S少尉に、自分で悪いと思ふ所を消せと命ぜられて抹消した、われながらいたましい傷跡だ」とある。

そこで、三月三日の日記の記述を読む。

「三月三日（金）

蒙古風。砂塵を捲いて吹きつのる。

城壁外の砂丘で、共産匪の捕虜三名を死刑にす。人間とは、何といふ愚かな、動物であることか。地平遠く、夕陽沈み、城壁の上に立つ蒙古人の群。兵士の剣。忘れず。

俘虜の眼は生魚のごと濁りたり地平の果に赤き陽の落つ

春浅き蒙古の丘に俘虜刺すと兵らの眸かゞやきてあり」。

右の記事には「註」が付されている。この「註」は日記をつけたさいに記したものではなく、この文章を記したときに加えたものではないか。日記を書きつけた小さな手帳には次のような長文の感想を記すほどの紙面があったとは思われない。以下が「註」の本文である。

「私は、むしろ、うなる程感心してゐた。俘虜たちの、死に際は、あまりにも見事であつた。一言の悲鳴も漏らさなかつた。黙つて白刃の下に、首をさし伸した。私は、中隊長に命ぜられ、その軍刀を借りて、ふりおろした。首は半分程しか切れなかった。俘虜の唇が、ぴくぴく動いた。あわてて又ふり下した。切れた首は、砂地へ、どすんと落ちた。そのどすんという音！　私ははつとしてわれにかへつた。私の巻脚絆は、かへり血が、べつとり沁みついてゐた。ふりかへれば、地平の果に落ちる夕陽も、にえたぎる血の様に赤いではないか。首だけは、丘の上に土葬したが、首のない死体は、そのまゝ置きざりにされた。やがては狼どもの餌食になるのであらう。悲劇の丘の上には、やがて深い黄昏がおり始め、真近に夕づゝがきらめいた。非業の死をとげたひとの、その血から、真紅の花が咲いたといふ童話は、よく聞くことだけれど、むしろ私は、斬り殺した私自身が、このまゝ、この丘の上に咲く一もとの草花に化したかつた。人間の愚劣さが、しみじみと、かなしかつた」。

伊達がこの「風と雁と馬蓮花」という文章を書くことを思い立った動機は、右の末尾、「私自身が、このまゝ、この丘の上に咲く一もとの草花に化したかつた」という一節の心情を伝えることにあったのではないか、と私は考える。伊達はここで確実に地獄を見たのである。彼が声をあげて笑うことを忘れた、いつも憮然たる表情で生きたとしてもふしぎでない、つらい体験をしたのである。私自身が一本の草花と化したい、とは何と痛切であり、また、何と高貴な心情であるか、と私はあらためて感銘をふかくする。

*

第五章の日記、三月四日（土）の記事に

「（三行削除）笑つてならなかつた。はにかんでもならなかつた。兵器の無表情をこそ。風吹きあれる」。

削除された三行に何が書かれていたか知るすべはない。ただ、続く文章からみれば、通常の市民生活であれば当然の、笑うこと、はにかむことを、軍隊では禁じられていた。その禁じられていたことを忘れて、つい笑い、はにかんで叱責されたことに憤った事実が記されていたのであろう。「兵器」のように無感情にならねばならない、と自戒しているのである。

「三月八日（金）

就寝後、O伍長が口に饅頭を一つ入れて、くれる。それを有難いと思ふ自分をいとほしむ。（二行削除）」。

「自分をいとほしむ」の後には、おそらくただ一つの饅頭を有難く思った自らの卑屈さを自嘲し、饅頭一つで新兵の機嫌を左右するO伍長に対する嫌悪が記されていたのではないか。

「三月十日（金）

非常呼集。未明の曠野に出勤。危険といふことを、まるで考へない。風激しくて、まともに歩けない。正午帰隊。敵影は、遥か山脈を越えて行つた」。

「三月十四日（火）

週番上等兵になぐられ、ふらふらになる。頬がいたくて飯が食へない。演習は相当に苦痛である。皆の顔が蒙古風に曝されて、不快な色に染まりつゝある。俺の顔もそうであらうか。

三月十五日（水）

死にたいとは夢にも思はない。（二行削除）Tを想ふ。せめて夢にも。兵らの語は、飯のことばかり」。

「おれはすでに、一挺の銃であり、一口《フリ》の剣である。」「折あらば、俺も武勲を建てるかも知れない」と書いた伊達の心境はすでに大きく変っている。抹消部分を想像し、続く兵らが飯のことばかり話しているという文章から推察すれば、この「Tを想ふ」のTとは永井田鶴子、後に伊達田鶴子となった女性と解するのは誤りであろうか。

「三月十六日（木）

小銃の手入れが悪いといふので、Sは約二十分の捧げ銃。MとKは銃をとり上げられ、各班を申告して廻され、最後に歌を唄はされる。Mは「向ふ横町」を、Kは「出航の唄」を歌ふ。その声の哀愁深くしてかなし。皆可笑しいことを、泣きたい程の真剣な表情で行ふのだ」。

「三月二十日（月）

兵器の手入が悪いとのことで、朝飯ぬきで全員、城外へ駆足。銃をかついで約二里を走る。完全にくたくた。（三行削除）Mは涙が出てしやうがないと言ふ。生きる事だけがせい一杯の生活」。

古参兵のサディスティックな新兵いじめは伊達の部隊に限らず、日本陸軍一般の風習だったようである。こうした風潮の中で伊達は自己崩壊の危機を感じていた。

「三月二十二日（水）

おれの姿勢は、崩れつつある。今にして、おれは、自分を、しっかり支へなければ、おれは愚劣きはまりなき男となるであらう。父から手紙。歯をくひしばる思ひである。父よ。

あなたの息子は、あなたの考へられる颯爽とした兵士ではない」。

続く第六章は次のとおりである。

「毎日毎日、激しい風塵であつた。空が黄色く濁つて、太陽はその光を失ひ、室内は黄昏の様に、いつも昏かつた。不完全な土壁の兵舎には、遠慮なく砂塵が舞乞んで、一日に三度も、四度も手入する銃は、たちまち、塵を白く浮かした。私達の演習場である城外の曠野は、深い砂漠であつたから、果しもなく地平線の彼方から、風塵は吹き寄せた。私達の突撃の姿勢は、風塵のために、この上なく困難であつた。右手の指は凍傷で、黄色いうみをたらし、絶えず、づきづきとうづいて、私の動作を一層のろまなものにした。私は入営前に見たニュース映画の戦場の場面を想ひ出す。私達のこの動作を、あるひは映画にしてみれば仲々詩的に勇ましいのかもしれないが、まことに現実といふものは、どうしてこうも興醒めなものであらう。私は、伏射の姿勢をしながら、そんなことを、ふと考へるのだ。それからそれへと想ひはつのつて、気がついた時には、戦友はすでに、数十米前方を走つてゐる。

現在を苦しいと感ずるのは、過去と相対に於いてであらうから、過去を忘れることが出来れば、この生活も又たのしいものになるのに違ひない。だが、私は過去を捨てることが出来なかつた。感傷と嘲はれても、私は思ひ出の甘さに酔ふ恍惚を捨てることが出来なかつた。いやむしろ、その感傷を守ることだけが、唯一の私の支柱であつた。思ひ出に激励されてゐたのだとも言へよう。思ひ出に支へられた陸軍二等兵といふ私の姿勢を、私はひそかに愛してゐた」。

右は「風と雁と馬蓮花」といぅこの文章の「風」、つまりは伊達が駐屯した、さいはての砂漠地帯の風塵の所以にちがいない。

第七章は天長節の行事を記し、余興を命じられた伊達が、静岡の農村出身の兵士たちの中で唯一の京城中学、福岡高校、京大出身という学歴から異端視されていたことへの反撥から、福岡高校在学中に憶えた筑前浄瑠璃の渡辺綱の羅生門の物語を語り、鬱憤を晴らし、「初年兵といふ現実を忘れ」、異様な興奮を覚えた挿話を記している。これは、いわば伊達の鬱憤晴らしにすぎないので、詳しい引用は控えることとする。

*

第八章は「雁の便り」と題する書簡体の記録である。発信するあてのない手紙であり、もとより検閲をパスしないものだが、本当に雁にでも託したいと思って、ひそかに記した旨を注記している。以下に必要に応じ若干私の説明を加えながら、全文を引用する。

「四月に入ると、風塵はおとろへ初めました。空を黄色に覆ふあの激しさはなくなつて、眸の様に蒼い空が、はてしもなくひろがつて居ります。それは不思議な程に蒼い美しさなのです。やうやく大地はゆるみ初めて、黄土は、そのまゝ、深い泥濘になりました。春の息吹に幸福を感ずる前に、僕たち初年兵は、軍靴の手入れに新らしい憂鬱を感じなければなりません。泥濘を歩いたあとの軍靴は、ブラシなどでは、到底落ちない粘土が、貝の様にこびりついてゐるのです。だが、それにしても、この春の感触は僕達のとげとげした焦燥の神経を、やさしくいたはつてくれる様に思へます。ああ、ほんとうに、僕たちはこの春の来るのを、どんなに待ち焦れたことでせう。二十五年の半生の間、これほどまでに春を待つこゝろのやるせなく激しかつたことはありませんでした。僕たちは、お正月を待つ子供の様に、指折りかぞへて、四月の来るのを待ちました。しかし、四月になつても、この呪はれた風塵の国では、午后になるときまつて、激しい黄土が吹きつけたのです。僕たちは、その黄色く濁つた空を見上げて深い溜息をもらしました。永遠に此辺は風の国なのか。しかし、到頭、その風塵も衰へ初めました。

今日は、一日中、蒼い蒼い空が、山脈から地平へ果しない深さでひろがつて居ります。

今日、午前中、歩哨の壕を砂丘に掘りましたが、僕たちの円匙の先は崩れる砂やその下にある黄色い土壌から、冬眠してゐた蛙や、みゝずの類が掘り出され、そのぴくぴく動いてゐる半透明なまなましい肢体に、僕たちは春を感じました。一本の草も一枚の若葉も萌え出ないこの見渡す限りの曠野にも、春は深く深く大地の中に沈んでゐたのだと思ひました。円匙の手を休めて見渡すと、砂丘から砂丘へ、放牧の緬羊の群が動き、砂漠の中では、駱駝が明るい光の中にたはむれてゐる。大げさな言ひ方ですけれど、泣き出したい程の嬉しい気持が、胸にこみ上げて来るのでした。

それから雁。

蒼穹を北から南へ雁の列は、いくつもいくつも流れて行くのです。Quo Quo と呼び合ひながら、長い列を作つて渡つて行きます。雁といふものを見たのは、実は、僕は初めてのことの様に思ひます。子供のころ、見た様な記憶がかすかにあるのですが、凡《おそ》らくそれは物語や絵で見たのを、実際に見たと錯覚してゐるに違ひありません。その証拠には、僕は雁に関するいくつかの物語を、次々に思ひ出してゐました。どの物語も、みな、あぢさゐ色の思ひ出がにじんで、不覚にも涙のこみ上げる様な思ひでした。この雁に手紙を託したいと、童話の少年の様に思ひつめました。

はるばると旅雁の列はつゞくなり
ふるさとのふみ今日もなければ

朝鮮の京城に家庭のある僕には、どの戦友よりも早く、家庭からの便りは届いてゐました。僕が今日も、今日もと空しく待つてゐた便りは、決して家庭からの便りではありませんでした。ふるさとと、妙にぼかして、雁に訴へた憂ひは、これもまた、あのあぢさゐ色ににじむ、追憶のふるさと。僕は言へない。だが、あなたは知つてゐる。業平とは、似てもつかぬ、雅かならぬ姿だけれど、僕は業平のかなしい情熱を以てその鳥にたづねるのです。我が想ふひと、ありやなしや」。

ここで私の感想をさしはさみたい。在原業平の作は、いうまでもなく
名にしおはばいざこととはむ都鳥わが思ふひとはありやなしやと
である。伊達は「想ふひと」からの手紙を待っていた。家族からの手紙ではなかったという。「あぢさゐ色」ににじむ、追憶のふるさととは京都にちがいない。すでに引用した三月一五日の日記の「Tを想ふ」は「雁の便り」の「我が想ふひと」と同一人でなければなるまい。そうとすれば、やはり後の田鶴子夫人とみてよいのではないか。この「風と雁と馬蓮花」という荒寥たる心情を綴った文章の奥に、しめやかな愛情のあかしが隠されてい

ることを見いだすのは、読者にとって一ときのやすらぎである。

「雁の便り」はここで一転、一羽の雁の無残な運命を語ることとなる。

「そのとき、一発の銃声が、この空間に響き渡りました。忽ち、雁の列は崩れ、まん中の一羽がま一文字に地上にむかつて、落ちて来ます。

おい、どうした、と先頭の父親の雁がふりむいて言ひました。とつつあん。やられたよ。もういけねえ。あと、たのむよ。負傷した雁が答へました。何か、おめえ、言ひのこすことは、おうい、何とか言へえ。その時は、すでに負傷した息子の雁は、まつしぐらに落ちて行つてゐました。そのあとを追つて、弟の雁が、急地空飛行をして、兄貴、おうい、兄貴い。傷は心臓かあ。どうしても、だめかあ、と泣き声で叫びました。しかし、そのときには、もう兄貴の雁は、こときれて居りました。父親の雁は、子供たちみんなを、息子の落ちた地点の真上に集め、ぐるぐる旋回しながら、悲しみの祈禱をうたひました。それから、言ひました。恨んぢやいけねえ。恨んぢやいけねえよ。何事も神様の思召だでな。ああめえん。子供達も合唱しました。ああめえん」。

右の記述はきわめて童話風である。伊達は狙撃された雁をめぐる家族愛を語り、死は神の思召しととらえ、いつ銃撃されて死ぬかもしれない自分を雁にかさねあわせているかにみえる。この便りは次のとおり終る。

「歩兵銃で雁を撃つたのは、髭のこいゝ、だるまの様な顔の軍曹でした。銃をさげたまゝ落ちた雁を拾ひに、ゆつくりと歩を運んでゐました。時々空を仰いで、雁の悲しみのお祈りの様を見つめましたが、別になんとも言ひませんでした。

それから、僕たちの班の、以前西洋料理店のコックであつたひとりの兵隊が呼ばれて、その雁の料理を命ぜられました。その兵隊は、雁の死体を、指でつつきながら、「すきやき」がよくありますと答へて云ひました」。

＊

第九章は、「歩哨が、拉致された。夜更け、城門に出されてゐたひとりの歩哨が、そのまゝ居なくなつたといふのだ。凡らくは、八路軍に奪はれたのであらう。歩哨は、勿論銃に弾丸を装填してゐた筈だから、反抗も出来たけれど、その夜の衛兵たちは、一発の銃弾も聞かなかつたと述べた。春になつたとは言へ、夜間は、氷点下十度を下る気候だから歩哨は完全防寒服装でゐたのであらう。防寒外套は頗る動作の敏活をさまたげる。背後から敵がしのび寄つても気がつかなかつたのであらう」とはじまる。防寒服装を着けると身動きができないほどに厚ぼったい、と第一章で記されていた。こうした装備しか用意していなかった日本陸軍の愚昧さが腹立しいのだが、この愚昧さが理不尽な日中戦争をひきおこしたのであった。翌日、伊達の部隊は二日分の携帯糧秣が支給されて討伐に出動、分隊ごとに分かれて一軒一軒の家を捜索した。「誰も一言も言はず、猫の様にぎらぎら光る眼で、じつと私達を見詰めてゐる。白々しい程の日本兵に対する反感を、私は、彼等の眼に読みとつて、覚えず慄然とするのだ」「持ち馴れた歩兵銃が、異様に重く感ぜられるのだ。夕ぐれ、私達は、五つ目の部落に到着した。人の住んでゐない崩れた家が、何軒も建つてゐた。どうして崩壊するがまゝに、放置してあるのか、私には、まるで分らない。粘土で作られた家の廃墟はむしろ立派に建つてゐる時よりも美しい。土から生れた家の又土に還へる安らかさが、廃墟に憂鬱を感じさせないのであらう。あまりに強烈な自然の支配下に暮してゐる人々の、温い諦念がこんな生活の様式を作り上げたに違ひない」といった感想が記されている。

「翌朝は、又未明に起きて、敵影を求めながら、同じ様に行軍をつゞけた。敵影は一度しか見なかつた。馬に乗って山腹を一目散に逃げて行つた。私達は散開して追跡の態勢をとつたが、一発の弾丸もうたなかつた。そして拉致された歩哨の行衛は遂に、判らなかつた」。

こうして第九章は終る。伊達にとってはじめて遭遇した中国人の反日感情であり、戦闘とはいえない捜索活動であった。そこで第一〇章に入り、伊達がこの文章を書き残すことを決意させたと思われる、心境が語られる。

「学生の頃、私は、戦死に憧れてゐた。最も美しい人生の解決としての戦死。私は甘かつたのかも知れない。教室で学んだどの様な世界観も、そのころの私には飽きたらなかつた。激しい戦に参加することを約束されてゐる若者にとつて、世界観などといふ観念の文字は所詮何の行動基準でもない。私は日本の帝国主義を守りたかつたのでもなければ、亜米利加の民主主義に反抗を感じたのでもない。私は、生活とは一つの気分であることを知つてゐた。いや、それだけしか知らなかつた。私は、だから、日本に対して世界観を超えた愛情を持つてゐた。その愛情に殉じようと思つたのだ。燃え上る感情のまゝに、白刃をかざして、敵陣に突入する、あのしびれる様な恍惚の裡に死んで行けたなら、私は男児と生れたことを、どんなに幸福と思ふであらう。このことだけが、そのころの私の生きる目標であつた」。

第四章で「おれはすでに、一挺の銃であり、一口の剣《フリ》である。それゆえ、おれも銃剣のつめたい沈黙を守るしかない」と語ったことの詳細な説明がここに記されている。この文章は次に続く。

「しかし、入隊し、三ヶ月。私の考へは、何時の間にか、変へられてゐた。戦争とか軍隊とかに、甘い恍惚を求めることは、明らかに間違ひであつた。もし、私が、花々しい戦死が出来たとしても、それは決して憧れる様な恍惚ではなくて、酒に酔つた時の無意志無感動の中で、たまたま死んだのにすぎないであらう。軍隊にあつては、断じて生活は気分ではなかつた。国家への愛情などといふ、生易しいものでない、もつと生理的、もつと動物的な生き方だけが、此処では要求されてゐた。口では飽きる程忠君愛国が唱へられたが、身に沁みてそれを感じてゐる者は一人もなかつた。忠君愛国といふ言葉を忘却した一頭の戦闘的なライオンになることだけが、此処での絶対的要求であつた」。

同じ第一〇章は×印をはさんで、Rという伊達と同じ初年兵が自殺をはかった挿話が記されている。Rが憲兵に転籍する試験を受け、落第したのが直接の原因であった。舌を嚙みきって自殺をはかることは、もっとも困難な死に方だが、そういう方法を選んで失敗したのであった。そういう方法を選んだことに「現実ばなれした芝居を感じ、白々しい嘘だと言ひ切るかも知れないけれど、私には、それを簡単な芝居と片附けることが出来なかつた。この様な芝居に日本陸軍の真実のあることを、胸の痛い程、思ひ知らされてゐた。靴下一足なくしても、ほんとうに死にたくなる様な生活なのだ。その自殺を計つた男が、Rでなくても、たとへば、この私でも、この芝居は、決して不自然ではなかつたらう。誰もが、自殺の一歩手前で、せい一杯に生きてゐたのである」。

伊達はまさに死の淵を覗いていた。死の淵をかいまみ、その誘惑と闘いながら、初年兵としての三ヵ月を送った。敗戦後、伊達が書きたかったことは、何をおいても、この内モンゴルにおける軍隊体験であった。

*

第一一章は日記の抜粋である。

「五月十四日（日）

幹部候補生の試験を受験するため、厚和の聯隊本部へ出張。武川には、まだ青いものは、一つもないのに、山一つこえた厚和は、すでに春たけなは。どろ柳は、緑の芽をふき、杏の花は民家の間に咲きこぼれて、姑娘は野辺で花を摘み、村童は泥の中に遊んでゐる」。

この抒情的な筆致は厚和の風景に感動した伊達の心の解放感、安堵感のあらわれだろう。日記の記述によれば、翌五月一五日に幹部候補生資格者約一〇〇名が集合、「自信あり。

今更、勉強しても、どうにもなるまいと思ふ」と記し、五月一七日には「兵科学科試験。半分位しか出来なかつた」、一八日、「口頭試問。父母の年を問はれ、間違へる。致命傷かも知れない」と心配している。たしかに父母の年齢を正確に記憶していないのは、親不孝と非難されるかもしれないが、私自身も、私が二〇歳のとき父母が何歳かと訊ねられたら、正確な年齢が答えられたとは思わない。誰でも同じではないか。

翌五月一九日（金）。「経理科試験。受験資格者、約七十名。問題、財政上の緊急処分。生産の要素。よく出来たつもり。午後、口頭試問。インフレ対策について問はる」とある。伊達は京都大学で真面目に経済学部の授業をうけていたのであろう。私は伊達が文学好きな学生生活を送っていたと想像していたので、この記述は若干意外であった。

同日の記述は「夜、公会堂で、慰問演芸が行はれ観に行く。日劇ダンシングチームの歌と踊り。

慰問隊のをどり華やか兵等の眸くらくらくつかれて」

という。『ユリイカ抄』に「紐」という文章が収められている。その冒頭に「昭和十九年秋。内蒙古。——陸軍二等兵のぼくの上に朔北の風が吹きしきっていた。凍傷の指は絶えずじくじくとウミをたらしていた。部隊で慰問映画がかかった」とはじまり、加藤治子主演の「いちばん美しく」という映画の思い出から、加藤道夫作の「なよたけ」出版の話と加藤道夫の自死、そのころ、加藤治子を見かけたことを記し、「ピタリと身体に合った黒いスーツを着て、細い上体をキリッと立てていた。そして、ぼくの目の前でエターナルモーションをつづける丸いヒップには蒙古のスクリーンで見た固さはなかった」と終る。人妻となった加藤治子のヒップの丸さに目をとめた艶っぽい観察で、加藤道夫の自死と「なよたけ」の話をしめくくった話だが、これと厚和の慰問隊の公演とは関係ない。第一に時期が違うし、第二に一方は映画であり、こちらは実演である。厚和の町と慰問公演について、伊達は「註」の中で次のとおり記している。

「蒙古には珍しい大樹の多い町で、緑のアカシヤの並木が城門から城門への大路を貫いてゐた。約二千名の邦人が、はるばるこの地に進出して、この町の指導的役割をになつてゐたが、彼等は、さゝやかな白壁の公会堂を、そのアカシヤの葉かげに築いた。内地からの慰問隊が、この公会堂を訪れることは、珍しいことではなかつた。兵隊のためだけの慰問隊ではなくて、在留邦人を慰問するためのものであつた。私達は、一ヶ小隊を作つて、この公会堂を訪れたが、私は、肝心の華やかな舞台よりも、場内に満ちてゐる邦人の姿に、興奮してゐた。日本と同じだ。蒙古だとは思へないね、と私は、自分自身に呟いてゐた。

ぐつたりする程の甘えと、夢みてゐる様な放心の二時間であつた。

私の横の席に来たひとりの女の子が舞台が見えなくて、しきりに首を伸してゐるのに気づき、黙つて、そぎとる様に、私の膝に抱き上げた。女の子は私の膝の上に立ち上つた。側に立つてゐた母親らしい若いひとが、「あら、済みません」と私に言ひ、それから、子供に向つて「Xちやん、いいわねえ、兵隊さんにだつこしてもらつて。」私は、ふと目頭が熱くなつた。なんといふ久しぶりに聞く、人間の声であらう。入隊以来、私は、こんな優しい日本語のあることをもう忘れかけてゐた程なのだ。私は、そのひとの一言一句を、吸取紙の様に、心に浸み込ませてゐた」。

初年兵としてはじめての苛酷な日々、それに厳しい風土の中に生活してきた伊達が、優しい日本語に飢えていたのだと解することができるだろう。しかし、女の子を抱き上げて膝の上にのせる伊達の行動に、彼の生来の資質である優しさをみる。背伸びしても舞台の見えない少女を横に見て、ほっておけないのが彼の性分であった。

＊

最終の第一二章で、伊達は、六月中旬、経理部の幹部候補生に採用された旨の通知をうけとったことを記している。そして、「草原と化した灰色の曠野には、馬蓮花《マーレンホワ》と呼ばれるむらさきの花が咲き誇る。茎の短い花で、大地を這ふ様に、一面に生ひ茂るのだ。風はもう激しさを失つて、花の香をのせて流れる」と続けている。

題名からみると、ここでこの文章は終ってもよいようだが、伊達はさらに二節書き加えている。

「そのころのある日、私は、S少尉から、幹部候補生に合格したから、明日、師団に出発せよと命ぜられた。そのことを思ひ出すと、同時に、私は、戦死した戦友を丘の上に火葬にしたその同じ日の夜を思ひ出さないわけには、ゆかない。戦友のKは、その前の日の夜、非常呼集で起され、そのまゝ深い夜の中に出動した。附近の部落の蒙古軍が共産匪に襲撃されたのであつた。急報を受けて、私達の中隊の一ヵ小隊が派遣された。その中にKも加へられてゐたのである。その翌朝、一羽の伝書鳩によつて、Kの戦死と、増援を乞ふ急報がもたらされ、第二軍として私達も出動しなければならなかつた。戦場は、中隊の兵舎から見える範囲の近い山脈であつた。私達の救援隊が到着したとき、Kはもう血まみれの軍服の中でつめたくなつてゐた。附近の部落から戸板を外して来て、Kを乗せた。後方はその死体を運んでから、山頂の敵にむかつて進撃した。その夜、城外に敵匪を追ひはらひ私達を追及して来たトラックに乗つて帰営した後で、直ちにKの死体が火葬された。いつぞや、敵の俘虜を死刑にした砂丘に、大きな穴を掘り、その中で火がたかれた。折から小糠の雨が降り始め火は、仲々燃え上らなかつた。

死体の焼ける生臭いにほひが丘を一面に流れて、そぼ降る雨にぬれながら私達は、幾時間も青くもえる火を見つめて立つてゐた。私は明日、この地を、幹部候補生として出発しなければならなかつた。武川に於ける私の最後の夜は、Kの戦死といふ悲しい記録に潤色されて、ひとしほ、深い感慨があつた」。

どうしてKは戦死し、自分は生きながらえたか。伊達はそう自問したにちがいない。生死を分けたのは偶然にすぎない。そうした感慨に伊達はとらえられていたにちがいない。最終節は、この文章をしめくくるために書いたものだから、煩をいとわず、引用することとする。

「翌朝、私は厚和行のトラックに便乗して、武川を離れた。四ケ月の苦労の思ひ出は、一つ星の襟章と共に、灰色の風塵の邑に捨てて、私は三星の襟章と幹部候補生の特別章を新しく襟に飾り、馬蓮花咲く陰山々脈を越えて行つた。

私の目的地は大同。厚和から汽車で約十時間も南下しなければならなかつた。

私達を乗せた二台のトラックは、雪の降り積んだ陰山山脈を越えてゐた。草も木もまるでない怪物の様な山であつた。たゞ一本の自動車道路だけが、象徴画の様にその山脈を走つてゐた。私達二十名程の兵隊は車上の吹きさらしに、ぎつしりと積まれ、そして刃の様につめたい風が、私たちの防寒被服を透して襲つた。砂と雪と風のむなしい風景の中を、十時間も、二台のトラックは、揺れながら走つた。

こんな山の中にも敵匪は潜伏してゐると教へられたけれど、しかし、私達にとつては、そんなことは、どうでもいいのであつた。トラックに揺られながら、私達は何時か居睡し始めてゐた。どの様な夢が、この車上の仮睡に結ばれたであらう。「おいおきろ、眠ると凍死するぞ。」古年兵は、私達を絶えずゆりおこす。はつとして眼をひらくと、又しても限りない雪と砂と風の風景だ。ふるさとの国のあの美しい春景色がばう然としてゐる私達の眼の前に浮んで来るのだ。だが、そんなことを口にするものは、ひとりも居ない。この荒荒しい風土の前で、私達は言葉を失つてゐた。蒙古の国境をこえてから、この日まで私達は、殆ど饒舌を失つてゐた。行けばゆくほど巨大なくらい風景が展開され、小さな人間の意欲はいよいよ威圧されつくしてゐたのである。たゞ、ふるさとへの愛着だけが、私達の胸に火と燃えつづけてゐた。それだけが、私達の唯一の頼りであつた。こごえる指先で、私は追憶の糸をさぐる。この風土にも威圧されないふるさとのひとびとの激励の声を、胸に描き初める。悲劇。私はこの言葉につきあたる。

私は眉を上げる。これか。これか。私の悲劇の舞台はこれか」。

「風と雁と馬蓮花」は右の文章で終る。率直にいって、私には伊達のいう「悲劇」の意味が理解できない。眉を上げる、という言葉からみると、伊達の自恃が関係するのだろうか。なまじ自ら恃むところがあるために、非人間的ないじめをうけた初年兵の生活と荒々しい暗い風土の中で傷ついたことを悲劇と感じたのだろうか。

私としては彼が俘虜を斬り殺して以来の生活により地獄を見、死の淵に近く生きたことを悲劇ととらえたのだ、と考えたい。

この文章で、伊達得夫は彼の内モンゴル、武川県城駐屯地における彼の体験のすべてを余すところなく、かつ、正確に、書きつくしたいと考えたと私には思われる。戦記文学としては、構成も考える余地があるし、切り捨てるべき箇所を切り捨てた方がもっとひきしまり、緊迫した文体により、つよい感動を与える作品になったにちがいない。そういう意味で、「風と雁と馬蓮花」は文学作品として欠陥があるという批判を免れないであろう。

しかし、伊達得夫という人間を知る上で最上の著述と私は考える。

後記

現代詩史を書くばあい、書肆ユリイカが刊行した多くの詩集等を抜きにして、現代詩史を書くことはできないであろう。こうした役割を果たした書肆ユリイカの社主伊達得夫とはどういう人物か。私の眼で見、解した伊達得夫の人間像を記述することを試みたのが本書である。

私は『ユリイカ』の二〇一六年一月号以降「私が出会った人々　故旧哀傷」と題して私にとって懐かしい人々の回想を記した文章を連載しているが、二〇一八年三月号から三回にわたり伊達得夫について記述した。この連載は一人について一回で書き終えることとしているので、三回にわたって同じ人物に関する文章を連載したのは、伊達だけの例外である。

この連載した回想はかなり旧著『私の昭和史』中の記述と重複しているが、それはともかくとして、三回書いても私には伊達得夫の人間像を描きだすことができたとは思われなかった。私が知らなかった伊達と稲垣足穂との関係も書肆ユリイカの仕事の重大な一部であると思い、稲垣足穂と伊達得夫に関する文章を加えることとした。

『ユリイカ』に三回連載した文章と「稲垣足穂と伊達得夫」は書肆ユリイカの伊達得夫を記した文章であるので、これらを第一部とし、伊達得夫という人格が形成された、彼の上京以前を調べて明らかにする文章を第二部として加えたいと考え、京都大学新聞に寄稿した文章を読み、福岡高校の同窓誌「青々」の復刻版を那珂太郎夫人から拝借して同誌所収の伊達の文章を読んだ（ただし、「青々」第二号は復刻当時すでに失われていたため、同号に伊達が寄稿したとしても、これには目をとめていないこととなる）。

さらに、伊達の生立ちや家庭環境等を教えていただくため、伊達百合さんにお会いして話をお聞きし、草稿を百合さんとその姉君眞理さんに校閲していただき、誤りを指摘していただいた。指摘にしたがい訂正した文章を再度校閲していただく手間を省いたので、なお誤りがあるかもしれない。

こうして私ははじめて伊達得夫の人間像をかなりふかく掘りさげて描くことができたと考えている。いわば、窮乏にたえて書肆ユリイカの「偉業」をなしとげた伊達得夫の光と翳を不充分であっても相当程度とらえることができたと自負している。

本書が現代詩史に関する一証言となることを私は期待している。

『ユリイカ』に連載時の編集長明石陽介さん、本書の執筆のため、たとえば那珂太郎夫人から「青々」復刻版を借りだす労までとって、本書を出版してくださった青土社社長清水一人さん、校閲してくださった染谷仁子さん、青土社の本書出版の担当者瑞田卓翔さんにあらためてお礼を申し上げる。

中村稔

二〇一九年五月二五日

回想の伊達得夫

2019年6月25日　第1刷印刷
2019年7月1日　第1刷発行

著者――中村 稔

発行者――清水一人
発行所――青土社
東京都千代田区神田神保町1-29 市瀬ビル　〒101-0051
［電話］03-3291-9831（編集）　03-3294-7829（営業）
［振替］00190-7-192955
印刷・製本――ディグ

装幀――菊地信義

ISBN978-4-7917-7176-9 Printed in Japan